경전 사례로 읽는 「노자 도덕경」 **노자의
지혜**

LINN
인문고전
클래식
12

노자 지음
장석만 편역

원하는 것을 얻는 최고의 명문장

노자의 지혜

LINN
도서출판 린

원문과 다양한 경전 사례로 읽는 최초의 『노자도덕경』

이 책은 지금으로부터 약 2500여 년 전쯤 살다 간 노자(老子)라는 인물이 썼다고 한다. 그는 춘추시대(기원전 770~기원전 403년)인 기원전 571년에서 기원전 471년 사이에 살았고, 초나라 출신으로 오랫동안 낙양에서 주(周)나라의 장서각(藏書閣, 왕실 도서관) 관장을 지냈다. 이름은 이이(李耳), 자는 담(聃)이라 한다. 그가 어떤 인물인지 증언해줄 에피소드가 있다.

공자(孔子, 기원전 551~기원전 479년)가 젊은 시절 노자를 방문해 예에 관해 물었다고 한다. 그것이 "공자문례(孔子問禮)"라는 고사이다. 훗날 공자는 그때 만남을 회상하며 노자를 "용처럼 변화무쌍한 사람"이라고 극찬했다. 그리고 노년의 노자는 검푸른 소[靑牛]를 타고 함곡관(函谷關)을 지나 서쪽으로 갔다고 한다. 이 이야기는 매우 유명하여 지금까지도 전통회화의 소재로 쓰인다. 이때 함곡관 문지기인 윤희(尹喜)가 부탁해서 『노자도덕경(老子道德經)』 5,000여 자를 써줬다고 한다. 그래서 『도덕경』 이외에 『노자』 또는 『5천언(五千言)』이라는 이름으로도 불린다. 이 『노자도덕경』은 지금까지 남아 있지만, 현존하는 판본은 여러 가지가 있다. 그 나머지는 다 전설 같은 이야기다.

　전설 중에는 그가 소를 타고 인도까지 가서 불교의 부처가 되었다는 주장이 있다. 이것을 "노자화호설(老子化胡說)"이라 한다. 이 전설은 한나라 이후 성립된 도교의 도사들이 삼국·남북조시대에 이르자, 외래 종교인 불교의 교세에 밀릴 수 있다는 위기의식을 가지면서 나타났다. 아마도 노자를 내세워 도교의 위상을 더 높이고자 거짓으로 지어낸 것으로 보인다. 아무튼 이 모든 이야기를 종합하면 노자는 정체가 명확히 드러나는 사람은 아니며 추정일 뿐이다.

　우리는 노자와 함께 장자(莊子, 기원전 369?~기원전 286년)라는 사람이 도가의 대표적인 사상가라고 평가한다. 그래서 "노장사상"이란 표현도 자주 쓴다. 후대에 이 도가의 사상은 소수 지식인의 사상에서 아주 인기있는 대중적인 사상으로도 발전한다. 그런 발전을 선도했던 지식인 중 널리 알려진 사람이 위(魏)나라의 요절한 천재 왕필(王弼, 226~249년)일 것이다. 그가 쓴 주석서 『노자주(老子注)』는 지금까지도 그 가치를 인정받고 있다.

　이후 도가는 국가가 공인한 종교, 도교로 발전하면서 그들에 대한 평가도 더욱 격상된다. 노자는 태상노군(太上老君)이라는 '신'으로, 장자는 남화진인(南華眞人)이라는 '신선'으로 숭배받았다. 도교는 때로는 황건적의 난 같은 민중 반란을 불러오는 혹세무민의 종교가 되었고, 퇴폐적인 청담(淸談) 사상도 지식인 사회에서 유행하기도 했다. 당나라 때는 황실의 성씨가 노자와 같은 이씨라고 더욱 숭배했고, 이후 송나라와 명나라에서도 황제와 황실이 적극적으로 도교를 숭배하며 여러 가지 정치적 폐해가 발생하고 사회 혼란이 가중되기도 했다.

그렇다면 노자의 사상이 역대 왕조의 황제, 수많은 지식인과 대중을 사로잡은 이유는 무엇일까? 그들 모두를 끌어당긴 매력은 노자가 남긴『도덕경』의 말에서 나온 것일 것이다.

『도덕경』의 말을 간명하게 드러낸 표현은 "자연무위(自然無爲)"이다. 일반적으로 무위자연이라 함은 '인위적인 힘이 작용하지 않는 있는 그대로의 자연 상태'를 말하는 것이다. 또한 노자가 지향하고 도달한 어떤 높은 수준의 경지를 말한다. 하지만 동시에 매우 수동적이고 무책임한, 현실 도피를 의미하는 것으로도 쓰이는 것 또한 사실이다. 노자가 그런 주장을 한 것일까? 또는 도가의 사상은 그렇듯 현실에서 무용한 것에 불과할까?

여기서 생각해볼 것이 있다. 어느 시대에는 노자와『도덕경』이 제왕의 훌륭한 통치술로도 받아들여졌다는 것이다. 이른바 "황로학(黃老學)"이 그것이다. 황제(黃帝, 전설적인 5제 중 1인)와 노자의 학문이라는 의미이다. 황제는 중국의 시조이자 최초의 제왕으로 숭배받는 존재이고, 노자는 무위(無爲)의 심술(心術)로 이해된다. 여기서 황제는 법률제정자, 즉 법가를 상징한다. 대체적인 의미는 일일이 지적하거나 설명하지 않아도 진리의 요체인 도(道)를 알면, 스스로 알아서 일을 잘 처리할 수 있다는 것이다. 황로학이 유행하던 시기는 대체로 법가 사상의 진(秦)나라가 망하고 등장한 한나라 때 국교로 유교가 확립되기 전이다. 황로학은 법가와 도가가 뒤섞인 사상 체계이다. 관련 저서로 유명한 책이『회남자(淮南子)』이다. 여기서 중요한 점은 잔혹하지만 효율적인 통치술의 대표인 법가 사상과 아주 잘 조응하는 사상이 바로 도가이고, 노자라는 것이다.

그렇다. 노자의 『도덕경』을 세상에서 도피하려는 자의 넋두리 같은 말로 이해하면 매우 잘못된 태도이다. 오히려 적극적으로 세상을 잘 다스리기 위한 정치학이다. 또는 권력 쟁취를 위해 꼭 필요한 처세술이다. 그렇게 읽다 보면 노자의 『도덕경』 모든 구절이 하나하나 새롭게 가슴에 닿을 것이다. 그렇게 노자의 『도덕경』은 2,500여 년을 전해 내려오면서 중국 역사상 이름을 남긴 철학가, 정치가, 문학가, 군사가는 물론 평범한 백성에 이르기까지 많은 사람들이 현실의 지혜를 얻은 것이다.

노자 『도덕경』의 현실적인 이해를 위해 이 책에서는 각 구절에 해당하는 다양한 사례를 수록했다. 단지 도교 경전의 경구 풀이가 아니라 현실의 지혜를 독자들이 얻기 바라는 필자의 바람에서 그렇게 했다. 따라서 독자들은 앞의 풀이만 아니라 해당하는 각 사례들도 꼼꼼히 읽고 음미하길 진심으로 바란다.

차례

戰爭論

제4편 전쟁론

貶論

제5편 폄론

修身論

제6편 수신론

노자

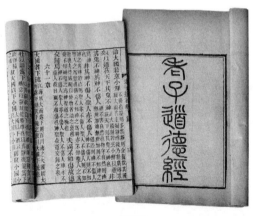

도덕경

道論

제1편 도론

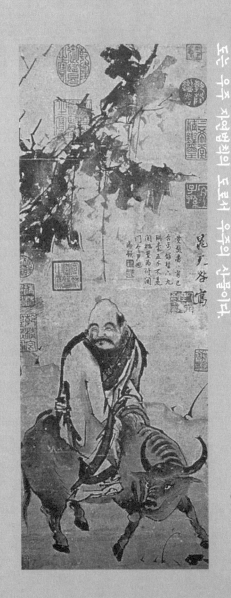

01 _천지의 시작

　도라고 말할 수 있는 도는 영원한 도가 아니며 이름을 부를 수 있는 이름은 영원한 이름이 아니다. 무는 천지의 시작이고 유는 만물의 어머니다. 그러므로 항상 무에서 오묘함을 보아야 하며 언제나 유에서 광대무변함을 알아야 한다. 이 둘은 같은 데서 나왔지만 이름이 다르고 이 둘을 하나로 말할 때는 현이라고 하며 현하고 또 현하니 모든 오묘함이 나오는 문이다.

道可道, 非常道. 名可名, 非常名.

도가도 비상도 명가명 비상명

無名天地之始 ː 有名萬物之母.

무명천지지시 유명만물지모

故常無欲以觀其妙 ː 常有, 欲以觀其徼.

고상무욕이관기묘 상유 욕이관기요

此兩者, 同出而異名, 同謂之玄.

차양자 동출이이명 동위지현

玄之又玄, 衆妙之門.

현지우현 중묘지문

_「도덕경 1장」

[역해]

· 도가도道可道 : 첫 번째 '도道'는 우주의 본질과 실질을 가리키는 것으로 원리·원칙·법칙 등을 의미하고 두 번째 '도道'는 '해설하다, 서술하다'라는 뜻이다.

· 명가명名可名 : 첫 번째 '명名'은 도의 형태를 가리키며 두 번째 '명名'은 '설명하다'라는 뜻이다.

· 요徼 : 변계. 여기서는 '표면, 외관'이라는 의미로 쓰였다.

· 도가도 비상도道可道, 非常道 : 도를 도라고 할 수 있다면 변함없는 도가 아니다.

· 명가명 비상명名可名, 非常名 : 이름을 이름이라고 부를 수 있다면 변함없는 이름이 아니다.

· 무명천지지시無名天地之始 : 무명이란 천지의 시작이다.

· 유명만물지모有名萬物之母 : 유명은 만물의 어머니다.

· 고상무욕이관기묘故常無欲以觀其妙 : 그러므로 변함없는 무로써 그 묘를 살피고자 한다.

· 상유 욕이관기요常有, 欲以觀其徼 : 변함없는 유로써 그 요를 살피고자 한다.

· 동출이이명同出而異名 : 같은 것에서 비롯되지만 이름이 다르다.

· 동위지현同謂之玄 : 다같이 알려고 해도 알 수 없어 현이라고 한다.

· 중묘지문衆妙之門 : 일체의 만물이 거기서 나오는 문이다.

[요지]

제1장은 『도덕경』의 총 강령으로 '도道'는 노자 철학의 핵심 개념이다. 여기서는 '도'의 참되고 올바른 속성을 초보적으로 제시하였다.

경 전 사 례

°노자를 방문한 공자

공자가 30대에 학생들을 데리고 주례周禮를 배우기 위해 주 천자의 도성인 낙양에 갔다. 학식이 깊고 넓은 노자가 낙양에 산다는 소문을 듣고 주조의 문화 전적典籍을 관리한다는 사실도 알게 되자 노자에게 가르침 받기를 갈망하였다.

공자는 노자를 만나자 극히 공경하는 말로 아뢰었다.

"선생님께서 주조周朝의 보귀한 전적을 보관 중이라는 말을 듣고 선생님을 뵙고 가르침을 받기 위해 불원천리 달려왔습니다. 여기서 얻기 어려운 서적들을 제가 볼 수 있도록 허락해 주십시오."

노자는 공자의 성심에 감동받아 공자가 매일 수장실로 와 책 읽는 것을 허락했고 그를 데리고 주조의 왕실 종묘와 명당 등 고대 제사를 지내고 국사를 논하는 곳들도 참관시켰다.

공자는 배우는 것을 매우 좋아했고 모르는 것이 있으면 곧바로 허심탄회하게 노자에게 묻고 가르침을 받았다. 공자가 주례의 자잘한 것들을 노자에게 물으면 노자는 일일이 세심하게 답해주었다.

그렇게 한 달이 지나갔다. 공자와 학생들이 돌아갈 때가 되자 노자는 이렇게 말했다.

"하늘은 스스로 높다고 말하지 않고 땅은 스스로 두껍다고 말하지 않는다. 도덕이 고상한 사람일수록 더욱더 겸손하고 조심하며 학문이 있는 사람은 실제적인 것을 더 많이 추구하고 허명을 추구하면 안 된다. 그리고 가득 차면 넘치고 교만하고 오만하면 반드시 패한다는 것을 기억하라."

공자는 큰 감명을 받고 노자의 말을 가슴 깊이 새겼다.

...

02 _세상의 티끌과도 함께한다

도는 비어 있지만 아무리 사용해도 다 채워지지 않는다. 깊고 깊어 만물의 근원 같다. 날카롭고 뾰족한 것을 누그러뜨리고 엉킨 것을 풀어주고 눈부신 빛을 부드럽게 하고 세상의 티끌과도 함께하며 맑고 맑아 뭔가 있는 것 같다. 그것이 누구의 아들인지는 모르겠지만 상제보다 먼저임은 알 것 같다.

道沖, 而用之或不盈.
도충 이용지혹불영

淵兮, 似萬物之宗 : 挫其銳, 解其紛, 和其光. 同其塵, 湛兮似或存.

연혜 사만물지종 좌기예 해기분 화기광 동기진 잠혜사혹존

吾不知誰之子, 象帝之先.

오부지수지자 상제지선

_「도덕경 4장」

[역해]

· 충沖 : 비다, 공허하다

· 영盈 : 가득 차다

· 종宗 : 근본, 근원

· 잠湛 : 깊다, 맑다

· 상제지선象帝之先 : 상제가 나타나기 전

· 도충 이용지혹불영道沖, 而用之或不盈 : 도는 비어 있지만 아무리 사용
  해도 다 채우지 못한다.

· 연혜 사만물지종淵兮, 似萬物之宗 : 깊고 깊어 만물의 근원 같다.

· 좌기예挫其銳 : 날카롭고 뾰족한 것을 누그러뜨리다

· 해기분解其紛 : 엉킨 것을 풀어주다

· 화기광和其光 : 빛을 부드럽게 하다

· 동기진同其塵 : 티끌과도 함께하다

· 잠혜사혹존湛兮似或存 : 맑고 맑아 뭔가 있는 것 같다.

· 오부지수지자吾不知誰之子 : 그것이 누구의 아들인지 나는 모른다.

· 상제지선象帝之先 : 상제보다 먼저임은 알 것 같다.

[요지]

도는 무형의 상태이므로 의식에 의해서만 도를 감지한다.

유비의 도회계교韜晦計巧

유비는 조조의 모해를 막기 위해 자신이 거처하는 후원에 채소를 심고 물을 주며 은거하였다. 하루는 유비가 혼자 후원 채소밭에 물을 주는데 허저와 장료가 수십 명의 군사를 거느리고 후원으로 들어왔다.

"승상께서 사군使君을 청하니 곧 가시지요."

"도대체 무슨 긴한 일이오?"

유비가 놀라 묻자 허저가 대답했다.

"모르겠습니다. 그냥 청해 오라고 저희에게 분부하셨습니다."

유비가 그들을 따라가 보니 조조가 술상을 차려 놓고 기다리고 있었다. 조조가 말을 꺼냈다.

"현덕께서는 그동안 사방을 두루 돌아다니셔서 당세의 영웅을 아실 테니 한번 거론해 보시오."

유비가 회남의 원술, 하북의 원소, 강하의 유표, 강동의 손책, 익주의 유장 등을 거론하자 조조는 손뼉을 치며 껄껄 웃었다.

"그런 무리들이야 다 만만한 소인들이니 말할 것이 못되오."

"사실 이 유비는 그 밖에 아는 사람이 없소."

그러자 조조는 "대저 영웅은 가슴에는 큰 뜻을 품고 머릿속에는 좋은 계책이 있어야 하나니 능히 우주를 감싸고 감출 만한 묘략과 천지의 오묘한 이치를 삼켰다가 토할 만큼 큰 뜻이 있는 자여야 하오."라고 설파했다.

"과연 누가 그럴 수 있습니까?"

유비가 묻자 조조는 손을 들어 유비와 자신을 가리켰다.

"지금 천하에 영웅이라고 할 사람은 사군과 조조뿐이외다."

그 말에 놀란 유비는 수저를 바닥에 떨어뜨리고 말았다. 그때 때마침 소나기가 쏟아지려는 듯 큰 우뢰 소리가 났다.

"우뢰 소리에 그만 추태를 보였습니다."

유비는 떨어뜨린 수저를 천연스럽게 집어 들며 조조의 말에 놀라 수저를 떨어뜨린 것을 슬쩍 둘러댔다. 조조는 전혀 의심하지 않고 유비를 경시하였다.

비가 그치자 후원에서 관우와 장비가 저마다 보검을 들고 들어왔다.

원래 그들은 이날 성 밖으로 활쏘기를 나갔는데 집에 들어오자 허저와 장료가 와서 유비를 모시고 갔다는 말을 듣고 황망히 달려온 것이다.

"두 사람은 어째서 왔소?"

조조가 묻자 관우가 대답했다.

"승상께서 제 형님과 약주를 들고 계시다기에 검무라도 추어 주흥을 돋워드리려고 무례를 무릅쓰고 들어왔습니다."

"이것은 홍문연鴻門宴이 아닌데…… 하하하."

조조가 크게 웃자 유비도 따라 웃었다.

"두 사람에게 어서 술을 갖다주어 놀란 가슴을 진정시켜 주어라."

술상을 물리고 유비는 관우와 장비를 데리고 집으로 돌아왔다.

• • •

03 _신령은 죽지 않는다

곡신은 죽지 않으니 이를 현빈이라고 한다. 현빈의 문은 바로 천지의 근원이어서 면면이 있는 것과 같아 아무리 써도 무궁무진하다.

谷神不死, 是謂玄牝.
곡신불사 시위현빈
玄牝之門, 是謂天地根.
현빈지문 시위천지근
綿綿若存, 用之不勤.
면면약존 용지불근
_「도덕경 6장」

[역해]
· 곡신谷神 : 천지만물을 낳고 기르는 신령
· 현빈玄牝 : 천지만물을 생육하는 생식력

· 면면綿綿 : 끊어지지 않고 이어지는 모습

· 불근不勤 : 아무 힘을 들이지 않고 다함이 없음

· 곡신불사 시위현빈谷神不死, 是謂玄牝 : 곡신은 죽지 않으니 이를 현빈이라고 한다.

· 면면약존 용지불근綿綿若存, 用之不勤 : 면면이 있는 것과 같아 이를 현빈이라고 한다.

[요지]

이번 장에서는 도의 특징을 비유적으로 설명하였다. 즉, '곡谷'으로 도를 상징하고 '신神'으로 도를 비유하였다.

┌─── 경 전 사 례 ───┐

현묘한 여와女媧

천지가 개벽한 후 하늘에는 태양, 달, 별이 있었지만 땅에는 산천초목만 있고 인류가 없이 황량하고 적막하였다. 어느 때인지는 알 수 없지만 재능이 비범한 여와라는 여신이 나타났다. 그 여신은 하루에 70번 변할 수 있다고 한다.

하루는 여와가 적막한 들을 걷다가 이 땅 위에 뭔가를 보태 생기발랄하게 만들겠다고 생각했다.

여와는 황량한 들판을 오랫동안 거닐다가 우연히 연못가에 주저앉았다.

늪의 맑은 물 위로 자신의 얼굴과 몸이 비쳤다. 그는 연못가의 진흙 한 줌을 쥐고 손으로 비벼 자신의 모양과 같은 물건을 만들었다. 여와는 그 작은 물건을 땅에 놓자마자 움직이더니 입을 벌리고 "어머니!"라고 부르는 것이었다.

여와는 자신이 만든 이 총명하고 아름다운 생물에게 '사람'이라는 이름을 지어주었다. 여와는 이 아름다운 창조물에 큰 만족을 느꼈다. 그래서 여와는 말하고 걸을 수 있는 귀엽고 작은 사람을 진흙으로 많이 만들었다. 자신의 주위에서 껑충껑충 뛰면서 환호하는 사람을 보고 여와는 더이상 고독하지 않았다.

여와는 또 다른 방법을 생각해냈다. 작은 사람들을 남녀로 나눠 배합시켜 그들이 후손을 낳아 기르게 하는 것이었다. 그렇게 하자 사람은 자자손손 이어갔고 나날이 인류는 끊임없이 늘어났다.

04 _비어 있어야 쓸모가 있다

바큇살이 서른 개가 하나의 바퀴통에 모였는데 그 속이 비어 있어야만 수레로서 쓸모가 있다. 찰흙을 빚어 그릇을 만들 때 그 속이 비어 있어야 그릇으로서 쓸모가 있다. 문과 창을 뚫어 방을 만들 때 그 방 안이 비어 있어야 쓸모가 있다. 그러므로 있음이 이로워지는 것은 없음이 쓰임새가 있기 때문이다.

三十輻, 共一轂. 當其無, 有車之用.
삼십폭 공일곡 당기무 유차지용

埏埴以爲器. 當其無, 有器之用.
연식이위기 당기무 유기지용

鑿戶牖以爲室. 當其無, 有室之用.
착호유이위실 당기무 유실지용

故有之以爲利, 無之以爲用.
고유지이위리 무지이위용

_「도덕경 11장」

[역해]

· 폭輻 : 바큇살

· 곡轂 : 바퀴통

· 연식埏埴 : 찰흙을 반죽해 이기다

· 착鑿 : 끌로 구멍을 뚫다, 파다

· 호유戶牖 : 문과 창문

· 삼십폭 공일곡 당기무 유차지용三十輻, 共一轂, 當其無, 有車之用 : 바큇살
   서른 개가 하나의 바퀴통에 모였는데 그 속이 비어 있어야만 수레로서
   쓸모가 있다.

· 연식이위기埏埴以為器 : 찰흙을 빚어 그릇을 만들다.

· 당기무 유기지용當其無, 有器之用 : 속이 비어 있어야 그릇으로서 쓸모가
   있다.

· 착호유이위실鑿戶牖以為室 : 문과 창을 뚫어 방을 만들다.

· 당기무 유실지용當其無, 有室之用 : 방 안이 비어 있어야 쓸모가 있다.

· 고유지이위리故有之以為利 : 그러므로 있음이 이로워진다.

· 무지이위용無之以為用 : 없음이 쓰임새가 있다.

[요지]

이번 장의 핵심 문제는 '무無'와 '유有'의 변증 관계다. '무'와 '유'는 서로 모
순되면서도 서로 의존하다. 지극히 단순한 수레, 그릇, 방의 세 가지 예로
지극히 깊은 근원적인 진리를 설명하였다.

왜 99점인가?

중국의 유명 공예미술가 이박생의 예술품은 국가 지도자들이 국빈들에게 선물로 주기까지 했다. 이박생은 50여 년 동안 줄곧 아름다운 옥을 만드는 업에 종사하였다.

1958년 베이징 옥돌 가공업체에 입사한 그는 직원들이 웃통을 벗어던지고 비지땀을 뻘뻘 흘려가며 옥을 가는 모습을 목격했지만 단순히 옥돌을 가는 작업이 아니라 예술품을 만드는 작업으로 인식하였다.

1961년 드디어 이박생은 견습생으로는 최초로 하나의 예술품을 완성하였다. 모든 사람이 이박생의 작품을 관찰하고 평가하고는 최종 99점을 매겼다. 이박생은 기쁜 한편으로 서운한 감정이 들어 물었다.

"100점을 줄 수도 있는데 왜 1점을 깎았습니까?"

옥돌 장인들은 웃으면서도 대답해주지 않았다. 그 후 한 장인이 그에게 말했다.

"전문 기사들이 1점을 깎은 것은 더 진보할 공간을 네게 마련해준 것이다. 100점을 주었다면 너는 현 상태에 만족하고 더이상 배우려고 안 했을 것이다."

그 후 이박생은 자만하지 않고 부지런히 노력해 30세에 최정상급 장인의 경지에 올랐다.

05_도의 기강

아무리 보려고 해도 보이지 않는 것을 이夷라고 하고 아무리 들으려고 해도 들리지 않는 것을 희希라고 하며 아무리 잡으려고 해도 잡히지 않는 것을 미微라고 하는데 이 세 가지를 구분할 수 없어 원래 '혼합 일체'라고 한다. 이것은 윗부분이 더 밝거나 아랫부분이 더 어둡지도 않고 끊임없이 길게 이어져 뭐라고 이름 붙일 수도 없으니 결국 아무것도 없는 '없음'의 세계로 돌아간다. 그러므로 형상이 없는 상狀이자 물체가 없는 상象이라고 할 것을 황홀이라고 한다. 앞에서 보아도 그 머리를 볼 수 없고 뒤에서 보아도 그 꼬리를 볼 수 없다. 옛날의 도로 현재를 다스린다면 능히 그 근원을 볼 수 있으니 그것이 도의 기강이다.

視之不見, 名曰夷 : 聽之不聞, 名曰希 : 搏之不得, 名曰微.
시지불견 명왈이 청지불문 명왈희 박지부득 명왈미

此三者, 不可致詰. 故混而爲一.
차삼자 불가치힐 고혼이위일

其上不皦 其不昧, 繩繩兮不可名, 復歸於無物.
기상불교 기불매 승승혜불가명 복귀어무물

是謂無狀之狀, 無物之象, 是謂惚恍.
시위무상지상 무물지상 시위홀황

迎之不見其首, 隨之不見其後.
영지불견기수 수지불견기후

執古之道, 以御今之有.

집고지도 이어금지유

能知古始, 是謂道紀.

능지고시 시위도기

_『도덕경 14장』

[역해]

· 이夷 : 형체와 색채가 없다

· 희希 : 잘 들리지 않는 소리

· 미微 : 잡을 수 없는 형체

· 치힐致詰 : 끝까지 밝히다

· 교皦 : 밝다

· 매昧 : 어둡다

· 승승繩繩 : 끝없이 길게 이어짐, 무한함

· 홀황惚恍 : 황홀함. 있는 듯 없는 듯한 상태

· 어御 : 다스리다, 길들이다

· 도기道紀 : 도의 기강

· 시지불견視之不見 : 아무리 보아도 보이지 않다.

· 청지불문聽之不聞 : 아무리 들어도 들리지 않다.

· 박지부득搏之不得 : 아무리 잡으려고 해도 잡히지 않다.

· 시위무상지상是謂無狀之狀 : 이를 모양이 없는 모양이라고 한다.

· 시위무물지상是謂無物之象 : 이를 물체가 없는 상이라고 한다.

· 영지불견기수迎之不見其首 : 앞에서 보아도 머리를 볼 수 없다.

· 수지불견기후隨之不見其後 : 뒤에서 보아도 그 꼬리를 볼 수 없다.

· 이어금지유 능지고시以御今之有 能知古始 : 옛날의 도로 현재를 다스린다
  면 능히 그 근원을 알 수 있다.

· 시위도기是謂道紀 : 이것이 도의 기강이다.

[요지]

이번 장은 도의 성질을 추상적으로 서술하고 도의 법칙 운용에 대해 말
했다. 도는 무색, 무성, 무형, 즉 인간의 감각적이고 지각적인 모든 것을 초
월하는 더 황홀한 뭔가가 만물의 근원에 실재하는 불가사의하고 형이상
학적인 것이라고 설명하였다.

경전사례

자연의 이치에 따르다

사마광司馬光이 재상에 오른 후 그의 집무실에는 항상 처리해야 할 문서
들이 산더미처럼 쌓여 있었다. 그중 절반은 옛 친구들이 보내온 편지였다.
그들은 옛날의 즐거웠던 추억을 적어 지난날을 회상시키고는 편지를 쓴
이유를 덧붙였다. 대부분 자신들이 어려움에 처했거나 능력이 있는데도
등용되지 못한 것을 탄식하는 내용이었다. 그리고는 사마광의 도움을 받
으려는 뜻을 암시적으로 표했다. 사마광은 그 편지들에 일일이 답장해주

었다.

굶주림과 추위에 시달린다는 친구들에게는 보급 물자를 보내주었고 자신의 이상이 제대로 실현되지 않고 있다는 친구들에게는 격려의 말을 전했다. 그러나 관직을 내달라고 태연히 청탁한 친구들은 관심을 주지 않고 내버려두었다. 그러나 친구들의 옛정까지 잊은 것은 아니었다. 공무가 없을 때는 지난날을 추억하며 호기와 덕망이 있는 옛친구들을 그리워했다.

하루는 사관에 있던 유기가 사마광을 찾아왔다. 공무 관련 대화를 마친 후 사마광이 유기에게 물었다.

"자네가 어떻게 사관에 들어갔는지 기억하는가?"

"기억하고 말고요! 대인께서 저를 천거해주시지 않았다면 저는 지금까지 가난한 선비로 살고 있었을 겁니다."

유기가 감사의 말을 끝마치기도 전에 사마광은 그에게 다시 물었다.

"그럼 내가 왜 자네를 천거했는지도 아는가?"

"물론입니다. 대인께서는 저와의 옛정을 생각하시어…"

"틀렸네! 내게는 오래 사귄 벗들이 많으니 옛정만 생각해 천거했다면 이 나라의 모든 관직은 내 옛친구들이 차지하고 있었을 걸세."

유기는 멍하니 사마광의 말을 계속 들었다.

"내가 관직에서 물러나 고향에 머물 때 자네는 항상 나를 찾아왔네. 우리는 성현들의 문장과 역사를 논하며 얼굴과 귀를 붉힐 만큼 흥분하며 논쟁했지. 당시 일들을 생각하면 참으로 감회가 새롭다네. 당시 내 마음이 편치 못할 때마다 자네는 나를 위로하고 격려해주었지. 아무 힘도 없던 내게 자네 같은 좋은 벗이 있다는 것이 참으로 다행이었네. 이후 내가 다시 조정 관리가 되고 재상 자리에 오르자 나와 교류하던 옛친구들, 심지어 인사만 했던 사이거나 몇 마디 주고받은 사람들까지 내게 편지를 보내 천거를 부탁했지. 그러나 자네는 예전처럼 성현의 문장 생각만 말했을 뿐 천거해달라는 편지를 내게 한 번도 보낸 적이 없었지. 자네는 조정 대신이 된 내게 빌붙어 관직을 얻으려는 사심이 없어 아무것도 부탁하지 않았네. 그게 바로 내가 자네를 천거한 이유라네."

사마광의 말을 듣고 나서 유기는 일어나 절하며 말했다.

"대인은 저를 제대로 알고 계셨군요. 이제 저도 대인을 제대로 알았습니다."

유기가 사마광의 천거를 받을 수 있었던 것은 바로 담담한 태도로 자연에 순응했기 때문이다.

06_도로써 만물의 근원을 볼 수 있다

큰 덕의 모습은 오직 이 도만 따르지만 도는 황홀할 뿐이다. 황홀한 그
가운데 모습이 있고 황홀한 데 물건이 있다. 그윽하고 어두운 그 가운데
정기가 있는데 그 정기는 정말 참되고 그 가운데 믿음이 있다. 옛날부터
지금까지 그 이름은 사라지지 않아 그 이름으로 만물의 근원을 볼 수
있다. 내가 어떻게 만물의 근원을 볼 수 있을까? 이것으로 볼 수 있는 것
이다.

孔德之容, 惟道是從.

공덕지용 유도시종

道之爲物, 惟恍惟惚.

도지위물 유황유홀

忽兮恍兮, 其中有象 : 恍兮忽兮, 其中有物.

홀혜황혜 기중유상 황혜홀혜 기중유물

窈兮冥兮, 其中有精 : 其精甚眞.

요혜명혜 기중유정 기정심진

其中有信.

기중유신

自古及今, 其名不去, 以閱衆甫.

자고급금 기명불거 이열중보

吾何以知衆甫之狀哉, 以此.

오하이지중보지상재 이차

_「도덕경 21장」

[역해]

· 공孔 : 크다

· 용容 : 모습, 동작

· 요窈 : 심원하여 인식하기 어렵다

· 열閱 : 인식하고 검사하다

· 이차以此 : 까닭, 이유(여기서 以는 '道'를 말한다.)

· 유도시종惟道是從 : 오직 도만 따르다

· 도지위물道之爲物 : 도라는 물物이 나타나다

· 유황유홀惟恍惟惚 : 오로지 황하고 오로지 홀하다(오로지 황홀하다)

· 기중유상其中有象 : 그 가운데 모습이 있다

· 황혜홀혜恍兮忽兮 : 황하고 홀한데(황홀한데)

· 요혜명혜窈兮冥兮 : 그윽하고 어둡다

· 기정심진其精甚真 : 그 고요함에 참으로 참되다

· 자고급금自古及今 : 옛날부터 지금까지

· 기명불거其名不去 : 그 이름은 사라지지 않는다

· 이열중보以閱衆甫 : 이로써 모든 것의 처음을 살펴보다

· 오하이지중보지상재吾何以知衆甫之狀哉 : 내 어찌 만물의 모습을 알 것인가

· 이차以此 : (도가 덕으로 드러나다) 도를 알 뿐이다

노자는 '도'와 '덕'의 관계를 천명하였다. 여기서 '도'는 허무적인 면도 있고 현실적인 면도 있다. 도 안에 '모습'이 있고 '사물'이 있으며 '정치'가 있고 '진실함'이 있어 도는 어디에나 있고 도가 없는 곳이 없다.

경전사례

누가 병든 사람인가?

원헌原憲은 공자의 제자다. 그의 집은 한 칸짜리로 지붕은 잡초로 이었고 문은 쑥대로 만들어 붙였지만 그나마 온전하지 못했다. 뽕나무로 문의 지도리를 만들어 달았고 깨진 항아리로 봉창을 낸 방이 두 칸이었다. 그 봉창을 누더기 옷으로 틀어막았다. 천장은 비가 샜고 방바닥은 습기로 축축했지만 그 안에 원헌은 반듯이 앉아 거문고를 타며 노래 부르고 있었다.

그때 공자의 제자인 자공이 원헌을 찾아왔다. 자공은 걸어오지 않고 말이 이끄는 멋진 수레를 타고 왔다. 수레 지붕은 희고 한쪽은 감색으로 꾸며졌다. 수레가 너무 커 원헌이 사는 집 골목에 들어갈 수가 없어 자공은 걸어서 원헌을 찾아가야 했다.

원헌은 자공을 맞이하기 위해 방을 나섰다. 원헌은 가죽나무 껍질로 만든 갓을 쓰고 뒤축 절반이 떨어져 나간 신을 끌고 명아주 지팡이를 짚고 자공을 맞이했다. 누더기를 걸친 원헌을 본 자공이 입을 열었다.

"허허, 선생님께선 어찌 그렇게 병들고 지쳤습니까?"

그러자 원헌이 대답했다.

"재산이 없는 사람을 가난하다고 하고 도를 배우고도 실행하지 못한 사람을 병들고 지쳤다고 하는 것으로 나는 알고 있소. 지금 나는 가난하지만 병들고 지친 건 아닐세."

그 말을 들은 자공은 부끄러운 낯빛으로 뒷걸음질쳤다. 원헌은 웃으며 다시 말을 이었다.

"세상에 명성을 얻기를 바라면서 행동하고 친한 패거리를 모아 붕당을 만들며 남에게 자신을 과시하기 위해 학문하고 남을 가르치면서 자신의 사익만 좇으며 인의를 앞세우고 나쁜 짓을 일삼고 수레나 말을 장식하는 따위 짓을 나는 참을 수가 없다오."

07 _ 도는 자연을 본받는다

혼돈 속에서 만들어진 것이 있으니 그것은 하늘과 땅보다 먼저 생겼고 소리도 없고 모양도 없지만 홀로 우뚝 서 있으며 언제까지나 변치 않고 어디로나 퍼져나가며 절대로 멈추지 않으니 '천하의 어머니'라고 하겠다. 나는 그 이름을 모르고 도라고 부르는데 굳이 이름을 붙인다면 대大라고 하겠다. 큰 것은 끝없이 뻗어 나가는 것. 끝없이 뻗어나가는 것은 매우 멀리 나간다는 것. 매우 멀리멀리 나가는 것은 다시 되돌아옴을 말한다. 그러므로 도는 크고 하늘도 크고 땅도 크고 사람도 크다. 세상에는 네 가지 큰 것이 있는데 사람도 그중 하나다. 사람은 땅을 본받고 땅은 하늘을 본받고 하늘은 도를 본받고 도는 자연을 본받는다.

有物混成, 先天地生.
유물혼성 선천지생

寂兮寥兮, 獨立不改. 周行而不殆, 可以爲天下母.
적혜요혜 독립불개 주행이불태 가이위천하모

吾不知其名, 強字之曰道, 強爲之名曰大.
오부지기명 강자지왈도 강위지명왈대

大曰逝, 逝曰遠, 遠曰反.
대왈서 서왈원 원왈반

故道大, 天大, 地大, 人亦大.
고도대 천대 지대 인역대

域中有四大, 而人居其一焉.
역중유사대 이인거기일언

人法地, 地法天, 天法道, 道法自然.
인법지 지법천 천법도 도법자연

_『도덕경 25장』

[역해]

· 혼성混成 : 섞여 이루어지다

· 적혜寂兮 : 고요하다, 적막하다

· 요혜寥兮 : 공허하다, 아득하다

· 주행周行 : 어디든 모든 곳으로 골고루 나아가다

· 원왈반遠曰反 : 멀리 나갔다가 다시 근본으로 돌아오다

· 역중域中 : 우주의 안

· 인법지人法地 : 사람은 땅의 규범을 따른다

· 강위지명왈대強為之名曰大 : 억지로 이름을 붙인다면 크다고 한다

· 대왈서大曰逝 : 큰 것은 가게 된다

· 역중유사대域中有四大 : 세상에는 네 가지 큰 것이 있다

· 인거기일언人居其一焉 : 사람이 그중 하나다

· 도법자연道法自然 : 도는 자연을 본받는다

[요지]

이번 장에서 도는 천지만물의 근원이라고 했다. 세상에는 네 가지 가장

큰 것 인人, 지地, 천天, 도道가 있는데 여기서 '인人'은 '왕王'으로 인人, 지地, 천天 세 가지는 우주 안에 있는 모든 것의 근원이자 영구불멸의 존재다.

주공의 '토포악발吐哺握髮'

공자는 늘그막에 제자들에게 이렇게 말했다.

"내가 많이 늙었나 보다. 이제 다시 꿈에 주공을 뵐 수 없구나."

이 말은 공자가 오랫동안 꿈속에서 주공을 자주 만났다는 뜻이다. 꿈속에서 뵙고 가르침을 받은 만큼 공자에게 중요한 인물이었던 주공은 어떤 사람인가? 바로 은나라를 멸망시키고 주나라를 일으킨 '은주혁명'의 핵심 인물이다. 주공은 밥을 먹다가도 누군가가 자신을 찾아오면 먹던 음식을 내뱉고 뛰쳐나갔고 감던 머리채를 움켜쥔 채 나가 인재를 맞이했다. 그래서 중국에서는 인재를 귀하게 여기는 사람을 '토포악발吐哺握髮'한다고 말한다.

주나라는 황하강 상류 서쪽 지방에서 일어나 주공의 아버지 문왕 때 힘을 키우고 문왕의 아들이자 주공의 형인 무왕 때 은나라를 멸망시켰다. 유명한 강태공도 이때 역사에 등장했다. 은나라를 멸망시킨 무왕이 죽고 어린 아들 성왕이 왕위에 올랐다. 주공의 조카다. 주공은 성왕을 도와 여러 해 동안 섭정으로 반혁명의 기운을 잠재우고 조카에게 대권을 넘겨주었다. 주공은 공자가 태어난 노나라 땅의 왕으로 임명되었지만 섭정하느라 직접 부임하지 못하고 아들 백금을 노나라에 보내며 이렇게 훈계했다.

"나는 문왕의 아들이자 무왕의 동생이며 성왕의 숙부이니 이 세상에서 신분이 그렇게 낮은 사람은 아니다. 하지만 나는 한 번 목욕하면서 젖은 머리를 세 번 움켜쥐었고 밥을 먹으면서 입에 든 음식을 세 번 내뱉으며 긴장된 자세로 훌륭한 인물을 놓칠 것을 걱정하였다. 네가 노나라에 가거든 조심하고 조심해 왕이라고 사람들에게 절대로 거만하게 굴지 말라."

• • •

08_멈출 줄 알면 위태롭지 않다

도는 영원히 이름이 없고 꾸밈이 없는 상태로 비록 작지만 세상에 감히 그를 신하로 삼을 수 없다. 임금이 이를 지킨다면 장차 만물이 스스로 찾아올 것이다. 천지가 화합해 단이슬이 내리고 백성은 시키지 않아도 스스로 균등을 이룬다. 처음으로 만든 이름이 있고 이미 이름이 있으면 그칠 줄 알아야 하고 멈출 줄 알면 위태롭지 않다. 도가 천하에 있으면 개천과 계곡의 물이 강이나 바다로 흘러 들어가는 것과 같다.

道常無名, 樸.

도상무명 박

雖小, 天下莫能臣也.

수소 천하막능신야

侯王若能守之, 萬物將自賓.

후왕약능수지 만물장자빈

天地相合, 以降甘露, 民莫之令而自均.

천지상합 이강감로 민막지령이자균

始制有名, 名亦旣有, 夫亦將知止, 知止所以不殆.

시제유명 명역이기 부역장지지 지지소이불태

譬道之在天下, 猶川谷之於江海.

비도지재천하 유천곡지우강해

_「도덕경 32장」

[역해]

· 제制 : 제작하다. 여기서는 인류의 각종 활동을 말한다.

· 유명有名 : 이름이 생기다. 여기서는 각종 기물器物을 말한다.

· 자균自均 : 스스로 절제와 균형을 이루다

· 막능신莫能臣 : 감히 신하라고 부를 수 없다

· 빈賓 : 존경하며 감복하거나 복종하다

· 후왕약능수지侯王若能守之 : 제후 왕이 이를 지킬 수 있다면

· 만물장자빈萬物將自賓 : 장차 만물이 스스로 (감복해) 찾아오다

· 민막지령이자균民莫之令而自均 : 백성에게 명령하지 않아도 스스로 균등을 이루다.

· 명역기유名亦旣有 : 이미 이름이 생겼다.

· 부역장지지夫亦將知止 : 대저 그칠 줄 알아야 한다.

· 지지소이불태知止所以不殆 : 멈출 줄 알면 위태롭지 않을 수 있다.

· 비도지재천하譬道之在天下 : 이를테면 천하가 도로 돌아가다.

· 유천곡지우강해猶川谷之於江海 : 개울과 계곡의 물이 강과 바다로 흘러
  들어가는 것과 같다.

[요지]

이번 장에서는 두 가지 요점을 설명했다. 첫째는 통치자가 능히 도의 법칙으로 천하를 다스린다면 자연히 모든 사람의 옹호를 받는다는 것이다. 둘째는 멈출 줄 알아야 한다는 것이다. 도는 이름이 없지만 문화사상과 제도는 이름이 있다. 문화사상과 제도 운영을 과하게 하지 말고 적당할 때 멈추어야 위태롭지 않다고 설명하였다.

경전사례

진언도 지혜롭게 한다

제 경공은 술을 무척 좋아해 한번은 7일 동안 매일 술을 마셨지만 멈추지 않았다. 그때 대신 현장이 진언하였다.

"국군(춘추시대 왕의 호칭), 이미 7일 동안 술을 마셨습니다. 국군께서는 국사가 중하니 술을 그만 드십시오. 그렇지 않으면 저를 죽여주십시오."

얼마 안 되어 안자가 조정에 와 배알하자 제 경공이 말했다.

"현장은 내게 술을 마시지 말 것을 권했다. 아니면 죽여달라고 하더라. 그의 권고를 들으면 나는 바로 신하의 제압을 받는 것이고 권고를 듣지 않으면 그를 죽이기 아쉬운 것이 된다."

안자가 제 경공의 말을 듣고 말했다.

"현장이 국군과 같이 너그럽고 후한 국군을 만난 것은 정말 행운입니다. 하나라 걸왕과 은나라 주왕과 같은 폭군을 만났더라면 벌써 처형당했을 겁니다."

안자의 말을 들은 제 경공은 술 마시는 것을 즉시 멈추었다.

$$\cdots$$

09_스스로 크다고 하지 않는다

큰 도는 넘쳐 흘러도 그것을 좌우할 수 있다. 만물이 의지해 생겨도 사양하지 않으며 공을 이루어도 이름을 두지 않는다. 만물을 입히고 기르면서로 주인이 되지 않는다. 언제나 욕심이 없으니 작다고 이름할 만하다. 만물이 그에게 돌아가도 주인이 되지 않으니 크다고 이름할 만하다. 그것은 끝내 스스로 크다고 하지 않아 그 큼을 이룰 수 있다.

大道氾兮, 其可左右.

대도범혜 기가좌우

萬物恃之而生而不辭, 功成不名有.

만물시지이생이불사 공성불명유

衣養萬物而不爲主, 常無欲, 可名於小.

의양만물이불위주 상무욕 가명어소

萬物歸焉而不爲主, 可名爲大.

만물귀언이불위주 가명위대

以其終不自爲大, 故能成其大.

이기종불자위대 고능성기대

_『도덕경 제34장』

[역해]

· 범氾 : 범람하다. 여기서는 '도'가 광범위하게 어디라고 할 것 없이 도처
  에 있음을 말한다.

· 좌우左右 : 도처에, 어디라고 할 것 없이

· 시恃 : 의거하다, 의뢰하다

· 의양衣養 : 양육하다

· 불사不辭 : 사양하지 않다

· 대도범혜大道氾兮 : 큰 도가 범람하다.

· 만물시지이생이불사萬物恃之而生而不辭 : 만물이 의지해 생겨나지만 사양
  하지 않는다.

· 공성불명유功成不名有 : 공이 이루어져도 지나지 않는다.

· 의양만물이불위주衣養萬物而不爲主 : 만물을 의지하게 하고 길러도 주인이 되지 않는다.

· 가명어소可名於小 : 작다고 이름할 만하다.

· 만물귀언이불위주萬物歸焉而不爲主 : 만물이 그에게 돌아가도 주인이 되지 않는다.

· 가명위대可名爲大 : 크다고 이름할 만하다.

· 이기종불자위대以其終不自爲大 : 그것은 끝내 스스로 크다고 하지 않는다.

· 고능성기대故能成其大 : 그러므로 그 큼을 이룰 수 있다.

[요지]

이번 장에서는 도가 작용하는 발생 방식을 설명하였다. 핵심 내용인 '대大'와 '소小'에 대해 천명하면서 도는 만물을 생육하고도 공을 내세우지 않고 크다고 하지 않으니 끝내 스스로 큰 것을 이룰 수 있는 것이다.

경 전 사 례

앞에는 포획물, 뒤에는 적

하루는 장자가 과수원을 거니는데 뜻밖에 커다란 새 한 마리가 밤나무에 내려앉았다. 장자가 그 밤나무 쪽으로 살금살금 걸어가 활을 꺼내 화살을 겨누는 순간 그의 시야에 나뭇잎 즙을 빨아 먹는 매미 한 마리가 들어왔다. 바로 그때 사마귀 한 마리가 매미 뒤로 살금살금 다가가 매미를 덮치려고 했다. 사마귀 뒤에서는 커다란 새가 사마귀를 쪼아 먹으려고 눈독을 들이고 있었다. 그 순간 장자는 문득 뭔가를 깨달았다. "매미든 사마귀든 큰 새든 모두 눈앞의 이익만 생각하니 앞으로 닥쳐올 재앙을 어찌 알 수 있겠는가."

장자가 화살을 거두고 과수원에서 막 벗어나는 순간 과수원 주인에게 들키고 말았다.

"당신은 무엇 때문에 우리 과수원에 들어왔소?"

장자는 과수원 주인에게 한바탕 곤욕을 치르고 구경꾼들에게도 남의 밤을 훔치러 왔다는 비난과 수모를 당하고 말았다.

장자가 집에 돌아오자 한 제자가 무슨 일이 있었는지 물었다. 장자는 대답했다.

"나는 새 한 마리 때문에 남의 과수원인지도 모르고 들어가 남들의 비난을 받고 수모를 당했다. 나와 매미, 사마귀, 새 모두 마찬가지더라!"

10_어디를 가든 해를 입지 않는다

크나큰 도를 잡고 천하로 나아가면 어디를 가든 해를 입지 않고 늘 태평하다. 음악과 맛있는 음식은 지나가는 나그네를 멈춰 세운다. 도에서 비롯된 말은 담담해 아무 맛이 없고 아무리 보아도 볼 수 없고 아무리 들어도 들을 수 없고 아무리 사용해도 다함이 없는 것이 바로 도다.

執大象, 天下往.
집대상 천하왕

往而不害安平泰.
왕이불해안평태

樂與餌, 過客止.
악여이 과객지

道之出口, 淡乎其無味, 視之不足見, 聽之不足聞, 用之不足既.
도지출구 담호기무미 시지부족견 청지부족문 용지부족기

_『도덕경 35장』

[역해]

· 상象 : '도道'를 말한다.

· 천하天下 : '천하의 사람들'을 말한다.

· 왕往 : 귀순해 의거하다

· 안평태安平泰 : 평화롭고 편안하다

· 악여이樂與餌 : 음악과 미식

· 기既 : 다하다, 사라지다

· 집대상執大象 : 크나큰 도를 잡다

· 왕이불해안평태往而不害安平泰 : 어디를 가든 해를 입지 않고 늘 태평
  하다.

· 과객지過客止 : 지나가는 나그네의 발길을 멈춰 세우다.

· 도지출구道之出口 : 도에서 비롯된 말이 나오다.

· 담호기무미淡乎其無味 : 담담해 그 맛이 없다.

· 시지부족견視之不足見 : 아무리 보아도 볼 수 없다.

· 청지부족문聽之不足聞 : 아무리 들어도 들을 수 없다.

· 용지부족기用之不足既 : 이를 사용함에는 아무리 써도 다 쓸 수 없다.

[요지]

이번 장에서는 크나큰 도의 운용과 실체를 설명하였다. '대도大道'를 인
식하는 것은 세계를 인식하고 세계를 개조하는 관건이며 인생의 의의를
실현하는 근본임을 설명하였다.

앞날을 생각해두다

하루는 풍훤馮諼이라는 사람이 지인의 소개로 맹상군孟嘗君의 문객으로 들어오게 되었다. 맹상군은 풍훤이 특별한 재주가 있는지 소개해준 사람에게 물었다. 그는 한참 곰곰이 생각하더니 이렇게 말했다.

"이렇다 할 재주는 없는 듯합니다."

그러자 맹상군은 풍훤을 대수롭지 않게 여기고 하등의 문객으로 대접했다.

풍훤은 마음이 상해 하늘에 대고 "무시당할 바에 차라리 이곳을 떠나는 게 낫겠군."이라며 불만을 토로했다.

이후 맹상군은 풍훤의 재능을 알아보고 그를 상등의 문객으로 예우했다. 후한 대접을 받자 풍훤은 기회가 오면 맹상군에게 보답하겠다고 생각했다.

그러던 어느 날 맹상군이 풍훤을 설 땅으로 보내 밀린 세금을 받아오게 했다. 그런데 풍훤은 세금을 받아오긴커녕 맹상군의 명을 사칭해 모든 빚을 탕감해 주었다. 이 일로 설薛 땅의 사람들은 너나 할 것 없이 모두 맹상군을 칭송했다.

훗날 맹상군이 재상에서 쫓겨나 설薛 땅으로 오자 설 땅 백성들은 맹상군을 반갑게 맞아주었다. 얼마 지나지 않아 풍훤이 맹상군에게 말했다.

"토끼는 은신처로 세 곳은 마련해두어야 사냥꾼에게 잡히지 않는 법입니다. 지금 대인께서는 은신처로 설 땅 하나뿐이니 매우 위험합니다. 제나라에서 대인을 죽이기로 작정한다면 달리 도망칠 곳이 없습니다. 대인께서는 지금 두 다리를 쭉 뻗고 편히 주무실 상황이 아닙니다."

맹상군은 "그럼 어찌해야 좋겠소?"라며 다급히 물었다.

"이 일은 제게 맡겨 주십시오. 대인께 안전한 은신처 세 곳을 반드시 마련해 드리겠습니다."

풍훤은 곧바로 양나라로 가 혜왕을 알현하고 맹상군의 능력을 소개했다. 양혜왕은 귀가 솔깃해져 곧바로 후한 예물을 보내 맹상군에게 양나라의 재상이 되어줄 것을 부탁했다. 이 소식을 들은 제나라 왕은 급히 후한 예물을 보내 맹상군에게 제나라의 재상이 되어 달라고 다시 간청했다.

풍훤은 맹상군에게 설 땅에 종묘를 세워 그곳의 안위를 보장하게 했다. 설 땅의 종묘가 완성되자 풍훤은 맹상군에게 말했다.

"이제 은신처 세 곳이 모두 마련되었습니다. 지금부터는 두 다리 쭉 뻗고 편히 주무십시오."

풍훤의 주도면밀한 대비로 맹상군은 수년간 아무 탈 없이 편히 지낼 수 있었다.

11_유有는 무無에서 나온다

반복적인 순환이 동의 운동 규율이고 약한 것이 도의 쓰임이다. 천하의 만물은 유에서 나오며 무형의 도에서 나온다.

反者道之動, 弱者道之用.

반자도지동 약자도지용

天下萬物生於有, 有生於無.

천하만물생어유 유생어무

_「도덕경 40장」

[역해]

· 반反 : 되돌아가다

· 도지동道之動 : 도의 운동(운동 규율)

· 약弱 : 유약하다

· 유有 : 존재하는 물질

· 반자도지동反者道之動 : 반복되는 순환이 도의 운동 규율이다.

· 약자도지용弱者道之用 : 약한 것이 도의 쓰임이다.

· 천하만물생어유天下萬物生於有 : 천하의 만물은 유에서 나온다.

· 유생어무有生於無 : 유는 무형의 도에서 나온다.

이번 장에서 노자는 도와 덕의 관계를 거듭 천명하였다. 도는 무형, 무언, 무위이므로 사람들은 도를 참답게 인식하지 못하고 도의 덕행만 인식하고 있다는 것이다.

경전사례

사소한 일이 나랏일이 되다

춘추시대 말기 오나라 변두리의 비량성과 초나라 변두리의 종리성은 매우 가까운 사이였다. 하루는 비량성과 종리성에 사는 두 여자아이가 뽕잎을 따가 그 뽕잎이 내 것이니 네 것이니 서로 뽕잎을 빼앗다가 싸움이 벌어졌다. 두 집 어른들은 그 일을 알고 급히 뛰어왔다. 두 여자아이는 서로 욕하고 때리며 싸우다가 종리성 여자아이가 비량성 여자아이를 때려죽이고 말았다. 비량성을 지키던 관원이 그 소식을 듣고 군사를 이끌고 종량성을 공격하였다.

그 소식을 들은 초나라 왕은 대로해 곧바로 군대를 출동시켜 비량성을 점령하였다. 오나라 왕도 언제든 초나라를 공격하려던 참에 그런 사태가 발생하자 그 기회에 초나라를 공격하였다. 결국 오나라 군대는 종리성을 점령하고 초나라의 다른 성까지 차지하였다.

12_큰 그릇은 늦게 만들어진다

뛰어난 선비는 도를 들으면 힘써 행하고 어정쩡한 선비는 반쯤은 믿고 반쯤은 잊으며, 못난 선비는 도를 들으면 크게 비웃는다. 비웃지 않는다면 이를 도라고 하기에 부족하다. 그래서 이런 말이 전해져 내려온다.

밝은 도는 어두운 것 같고, 나아가는 도는 물러서는 것 같고, 평탄한 도는 울퉁불퉁한 것 같고, 으뜸가는 덕은 골짜기 같고 넓은 덕은 부족한 것 같고, 건전한 덕은 보잘것없는 것 같고, 알찬 덕은 쉽게 변하는 것 같고, 너무 흰 것은 더러운 것 같고, 커다란 네모는 모퉁이가 없는 것 같고, 큰 그릇은 늦게 만들어지고, 큰 음악은 들리지 않는 것 같고, 큰 모습은 모양이 없는 것 같고 도는 숨어 있어 이름이 없다. 그러나 오직 도가 있어 만물을 베풀어주고 만물을 이루어준다.

上士聞道, 勤而行之 : 中士聞道, 若存若亡 : 下士聞道, 大笑之.
상사문도 근이행지 중사문도 약존약망 하사문도 대소지
不笑不足以爲道.
불소부족이위도
故建言有之 : 明道若昧 : 進道若退 : 夷道若纇 : 上德若谷 : 廣德若不足 : 建德若偸 : 質眞若渝 : 大白若辱 : 大方無隅 : 大器晚成 : 大音希聲 : 大象無形 : 道隱無名.
고언언유지 명도약매 진도약퇴 이도약뢰 상덕약곡 광덕약부족 건

덕약투 질진약유 대백약욕 대방무우 대기만성 대음희성 대상무형
도은무명

夫唯道, 善貸且成.

부유도 선대차성

_「도덕경 41장」

[역해]

·약존약망若存若亡 : 반쯤은 믿고 반쯤은 없다(잇다)

·이도夷道 : 평탄한 길

·뢰纇 : 평탄하지 않다, 울퉁불퉁하다

·투偸 : 구차하다

·유渝 : 변하다, 바꾸다

·희希 : 여기서는 '소리가 없다'라는 뜻으로 쓰였다.

·선대善貸 : 천하 만물에 은혜를 골고루 배풀어준다는 뜻으로
  쓰였다.

·근이행지勤而行之 : 힘써 실행하다

·불소부족이위도不笑不足以爲道 : 웃지 않는다면 이를 도라고 하기에 부
  족하다.

·고건언유지故建言有之 : 그러므로 전하는 말에 이런 것이 있다.

·명도약매明道若昧 : 밝은 길은 어두운 것 같다.

·진도약퇴進道若退 : 나아가는 것은 물러서는 것 같다.

·이도약뢰夷道若纇 : 평탄한 길은 울퉁불퉁한 것 같다.

· 상덕약곡上德若谷 : 으뜸가는 덕은 골짜기 같다.

· 광덕약부족廣德若不足 : 넓은 덕은 부족한 것 같다.

· 건덕약투建德若偸 : 건전한 덕은 구차한 것 같다.

· 질진약유質真若渝 : 알찬 덕은 쉽게 변하는 것 같다.

· 대백약욕大白若辱 : 너무 흰 것은 더러운 것 같다.

· 대방무우大方無隅 : 커다란 네모는 모퉁이가 없는 것 같다.

· 대기만성大器晚成 : 큰 그릇은 늦게 이루어진다.

· 대음희성大音希聲 : 큰 소리는 들리지 않는 것 같다.

· 대상무형大象無形 : 큰 모습은 모양이 없는 것 같다.

· 도은무명道隱無名 : 도는 숨어 있어 이름이 없다.

· 부유도夫唯道 : 오직 도가 있다.

· 선대차성善貸且成 : 만물을 베풀어주고 만물을 이루어주다.

[요지]

이번 장에서 노자는 도의 진정한 속성과 그것이 발생하는 작용 방식이 세속적인 사람들의 의식과 흔히 상반된다는 것을 천명하였다. 만물은 대도에 의해 생성되고 어떤 사물이든 대도의 덕행을 따라야 하며 자연의 반복적인 순환에 순응해야만 무언無言, 무위無爲의 경계에 도달할 수 있음을 설명하였다.

큰 인물이 되려면 오랜 시간이 걸린다

동한 시절 최염崔琰은 원소의 식객이었다. 그는 어릴 때부터 무기를 즐겨 다루어 24살이 되어서야 글공부를 시작했다. 최염은 각고의 노력 끝에 문무에 능통한 사람이 되어 원소는 그를 기도위(騎都尉, 무관)에 임명하였고 이후 조조를 따랐는데 조조는 그를 중용하였다.

최염에게는 최림이라는 사촌동생이 있었는데 그는 젊어서 아무 일도 성사시키지 못해 친척과 친구들 모두 그를 못마땅하게 여겼다. 그러나 최염은 사촌동생을 중용하였고 그에게 늘 이렇게 말했다.

"재능이 높은 사람은 오랜 시간을 거쳐야만 비로소 인재가 되니 최림은 장래에 반드시 큰 인물이 될 수 있다."

이후 최림은 최염의 가르침대로 꾸준히 분투한 결과, 높은 벼슬까지 올라 국가의 지재, 즉 기둥이 되었다.

13_손해가 이익이 되기도 한다

　도는 하나를 낳고 하나는 둘을 낳고 둘은 셋을 낳고 셋은 만물을 낳는다. 만물은 음을 등에 지고 양을 품으면서 서로 기를 합해 조화를 이룬다. 사람들이 싫어하는 것은 고독, 부족, 착하지 못함인데 제왕과 공경은 이로써 칭호를 삼는다. 그러므로 사물은 손해가 이익이 되고 이익이 손해가 되기도 한다. 사람들이 가르치는 것을 나도 가르치고자 하며 강포한 자는 제명에 죽을 수 없고 나도 장차 이로써 가르침의 근본으로 삼으려 한다.

　道生一, 一生二, 二生三, 三生萬物.
　도생일 일생이 이생삼 삼생만물

　萬物負陰而抱陽, 沖氣以爲和.
　만물부음이포양 충기이위화

　人之所惡, 唯孤, 寡, 不穀, 而王公以爲稱.
　인지소오 유고 과 불곡 이왕공이위칭

　故物或損之而益, 或益之而損.
　고물혹손지이익 혹익지이손

　人之所教, 我亦教之.
　인지소교 아역교지

　強梁者不得其死, 吾將以爲教父.
　강량자부득기사 오장이위교부

　_『도덕경 42장』

[역해]

· 일一 : 한 가지 사물

· 충기沖氣 : 조화를 이루는 기운

· 강량자強梁者 : 강한 자

· 교부教父 : 가르치는 자의 근본(대강)

· 만물부음이포양萬物負陰而抱陽 : 만물은 음을 등지고 양을 품는다.

· 충기이위화沖氣以為和 : 서로 기로써 조화를 이룬다.

· 인지소오人之所惡 : 사람들이 싫어하는 것들

· 유고 과 불곡唯孤 寡 不穀 : 오직 고독, 부족, 보잘것 없다.

· 이왕공이위칭而王公以為稱 : 임금은 그것을 자신의 칭호로 삼는다.

· 고물혹손지이익故物或損之而益 : 그러므로 사물은 손해가 이익이 되기
  도 한다.

· 인지소교人之所教 : 남들이 가르치는 것들

· 아역교지我亦教之 : 나도 가르치고자 한다.

· 강량자부득기사強梁者不得其死 : 강포한 사람은 제명에 죽지 못한다.

· 오장이위교부吾將以為教父 : 장차 나도 이로써 가르침의 근본으로 삼으
  려고 한다.

[요지]

이번 장에서 노자는 '우주 생성론'을 제기하고 '일一'은 허무의 '기氣'이고
'이二'는 음과 양이며 '삼三'은 만물을 낳는다는 도가의 사상을 말하였으며
그다음은 도의 기용법인 '용약用弱'과 '용유用柔'를 말하였다.

자산의 정치적 특징

춘추시대 말기 자산子産이 재상을 맡았던 정鄭나라는 작은 나라로 이웃의 대국에게 먹히지 않고 대등하게 살아남기 위해서는 본질을 개선하고 국방에 충실한 것이 첫 번째 과제였다. 자산은 여러 수단으로 농촌진흥책을 강구하는 한편, 군비 확보를 위해 새로운 과세 제도를 도입하였다. 백성들은 과중한 세 부담을 견딜 수 없어 "자산을 죽여버려라."라는 원망의 소리가 온 나라에 가득했다. 이런 비난이 커지자 중신 중에는 그 중지를 진언하는 자도 있었지만 자산은 굴하지 않았다.

"나라에 이익이 된다면 이 몸을 희생해도 상관없습니다. 나는 이런 이야기를 들었소. "선善을 행한다면 끝까지 해내라. 그렇지 않으면 모처럼의 선도 쓸모없어진다." 백성들의 비난을 받는다고 해서 그만둘 수는 없소. 나는 단호히 끝까지 해낼 생각이오."

3년, 5년이 지나자 농촌진흥책이 궤도에 올라 농민들의 생활 여건도 개선되었다. 그 때문에 애당초 자산을 죽이라며 분노했던 백성들도 서서히 자산의 시책을 선정善政이라며 칭찬하였다. 그렇게 비난에 굴하지 않고 자신이 확신하는 정책을 관철하는 것을 강剛이라고 한다면 유柔한 정책은 다음과 같다. 예부터 정나라에는 지도자 양성 기관으로 '향교鄕校'라는 학교가 설치되어 있었다. 하지만 이 향교가 어느새 정부 시책에 불만을 품은 사람들의 정치활동 거점으로 이용되고 있었다. 그대로 놔두면 반란활동으로까지 진전될 기세였다. 왕의 측근들이 향교 폐쇄를 진언하자 자산은 반대하며 나섰다.

"아니, 그럴 필요 없소. 그들은 매일 일을 마치고 향교에 모여 우리 정치를 비판하고 있고 나는 그들의 의견을 참고해 평판이 좋은 정책은 즉시 실행하고 평판이 나쁜 정책은 고치려고 하오. 그들은 나의 은사인 셈이오. 물론 탄압해 그들의 입을 막을 수는 있지만 그것은 강의 흐름을 막는 것과 같소. 결국 둑을 뚫고 흘러넘치는 대홍수가 되어 무수한 사상자를 낼 것이 틀림없소. 그럼 손쓸 방법이 없으니 그보다는 조금씩 물을 흘려보내는 수로를 내는 것이 상책일 것이오. 백성의 여론도 이와 같으니 탄압보다는 들을 것은 듣고 이쪽의 약으로 삼는 편이 좋습니다."

자산은 이런 '강'과 '유'의 균형 잡힌 정치로 명재상으로 칭송받았지만 이후 병이 위중해지자 후임인 자대숙子大叔을 불러 이렇게 충고했다.

"정치에는 두 가지 방법이 있다고 생각하오. '강'의 정치와 '유'의 정치인데 일반적으로 강의 정치를 하는 것이 좋소. 이 두 가지는 물·불과 같소. 불은 과격해 보기만 해도 두려워 사람들은 가까이 가려고 하지 않아 불 때문에 죽는 사람이 많소. 유의 정치는 물과 같아 언뜻 쉬워 보이지만 사실 매우 어렵소."

그런데 자산이 죽은 후 후임자인 자대숙이 엄정한 자세로 백성에게 임하길 꺼려 관용으로만 일관하자 자연스럽게 정치에 끊임과 맺음이 사라져 도둑, 날치기, 아첨꾼 들이 횡행했다. 그런 사태에 직면한 자대숙은 "처음부터 자산의 충고를 따랐다면 지금과 같은 일이 없었을 텐데……"라며 탄식하였다. '강'과 '유'의 균형을 잡아 조화롭게 해나간 것이 자산의 정치적 특징이었다.

14_도를 존중하고 덕을 귀하게 여긴다

도는 만물을 낳고 덕은 기르며 만물을 형성하고 환경은 이를 이룬다. 이 때문에 만물이 도를 존중하고 덕을 귀하게 여기지 않음이 없다. 도의 높음과 덕의 귀함은 명령하지 않아도 늘 스스로 그렇다. 그러므로 도는 이를 낳고 덕은 이를 길러 자라게 하고 키우며 열매를 맺게 하고 성숙시키고 키우고 덮어준다. 낳았지만 소유하지 않고도 기대하지 않으며 자라게 하되 지배하지는 않는다. 이를 현묘한 덕이라고 한다.

道生之, 德畜之, 物形之, 勢成之.

도생지 덕축지 물형지 세성지

是以萬物莫不尊道而貴德.

시이만물막부존도이귀덕

道之尊, 德之貴, 夫莫之命常自然.

도지존 덕지귀 부막지명상자연

故道生之, 德畜之 : 長之育之 : 亭之毒之 : 養之覆之.

고도생지 덕생지 장지육지 정지독지 양지복지

生而不有, 為而不恃, 長而不宰.

생이불유 위이불시 장이부재

是謂玄德.

시위현덕

_『도덕경 51장』

[역해]

·축畜 : 기르다

·세勢 : '만물이 생장하는 환경'을 말한다.

·복覆 : '보호하다'라는 뜻으로 쓰였다. 덮어주다.

·시恃 : 의뢰하다

·물형지物形之 : 만물을 형성하다.

·세성지勢成之 : 환경은 만물을 이룬다.

·시이만물막부존도이귀덕是以萬物莫不尊道而貴德 : 이 때문에 만물이 도를 존중하고 덕을 귀하게 여기지 않음이 없다.

·부막지명상자연夫莫之命常自然 : 명령하지 않아도 항상 스스로 그렇다.

·장지육지長之育之 : 이를 자라게 하고 키우다.

·정지독지亭之毒之 : 이를 안정시키고 성숙시키다.

·양지복지養之覆之 : 이를 키우고 보호해주다.

·생이불유生而不有 : 낳아도 소유하지 않다.

·위이불시爲而不恃 : 하고도 의뢰하지 않다.

·장이부재長而不宰 : 자라게 하되 지배하지 않다.

·시위현덕是謂玄德 : 이를 현묘한 덕이라고 부른다.

[요지]

이번 장에서 노자는 '도'와 '덕'을 말하며 주요하게 도덕과 만물의 관계를 구체적으로 해설하였다.

쓸모없이 천수하다

지리소支離疏라는 사람은 머리를 아래로 수그리고 두 어깨는 머리 위로 솟았으며 오장과 혈관은 등에서 위로 향하고 사지는 온전하지 않았다. 그러나 지리소는 옷감을 바느질하며 생계를 충분히 꾸려나갈 수 있었다.

나라에서 군사를 동원해 온 동네가 불안할 때 지리소만은 건들거리며 시장을 다녔다. 나라에서는 굶주린 백성에게 식량을 나눠줄 때마다 그를 빼놓지 않았다. 그렇게 그는 무용無用으로써 천수를 누렸다.

한 장인이 사당에서 떡갈나무 한 그루를 보았다. 그 나무로 배를 만들면 가라앉고 관을 만들면 얼마 못 가 썩었다. 그것으로 도구를 만들면 쉽게 부서지고 기둥으로 만들면 금방 좀이 들고 그것으로 문과 창문을 만들면 진딧물투성이가 되었다. 그런 까닭으로 그 떡갈나무는 천수를 누릴 수 있었다.

● 노자의 '도道'

노자의 도는 중국 문화에서 가장 중요한 인간사를 반영한다. 노자는 일찍이 이렇게 말했다.

"천도가 인간사人道를 관통한다."

여기서 도의 가장 중요한 특징은 바로 '두루 미치지만 위태롭지 않다(周行而不殆. _제25장)'라는 것이다.

『도덕경』에 '도' 자는 무려 70여 회 등장한다. 책 전체에서 도는 다음 세 가지 가운데 하나를 뜻한다.

첫째, 우주 만물을 구성하는 가장 근본적인 실체를 가리킨다.
둘째, 우주 만물의 발생과 존재, 발전, 운동의 법칙이다.
셋째, 인류사회의 일종의 규범과 기준이다.

『도덕경』에서 '유有'와 '무無'는 노자가 제시한 두 가지 중요한 개념으로 도의 구체적인 명칭이다. 도는 우주 만물이 파생되는 과정으로 무형에서 유형으로 전환되는 것이다.

'유有'는 하늘과 땅이 형성된 후 만물이 서로 다투어 생겨나는 상태를 말한다.

중국인들은 먼저 하늘과 땅이 생겼고 그다음에 비로소 만물이 생겼다고 말한다.

德論

제2편 덕론

선의 수행은 도피 시에 · 정치 · 인생에서 도가 적응하는 것이 바로 덕이다.

01_ 크게 완성된 것은 부족한 듯하다

크게 완성된 것은 부족한 듯하지만 아무리 사용해도 부서지지 않으며 가장 알찬 것은 빈 듯하지만 아무리 사용해도 끝이 없다. 매우 곧은 것은 굽은 듯하고 매우 훌륭한 솜씨는 서툰 듯하고 뛰어난 말솜씨는 어눌한 듯하고 크게 이긴 것은 모자란 듯하고 고요함은 분주함을 이기고 추위는 더위를 이긴다. 맑고 고요해야 바른 세상이 된다.

大成若缺, 其用不弊.
대성약결 기용불폐
大盈若沖, 其用不窮.
대영약충 기용불궁
大直若屈, 大巧若拙, 大辯若訥, 大嬴若絀, 靜勝躁, 寒勝熱.
대직약굴 대교약졸 대변약눌 대영약출 정승조 한승열
淸靜爲天下正.
청정위천하정
_「도덕경 45장」

[역해]

·대성大成 : 완전히 이루다

·폐弊 : '정지하다, 부서지다'라는 뜻으로 쓰였다.

·충沖 : '공허한'이라는 뜻으로 쓰였다.

·졸拙 : 서툴다

·출絀 : 부족하다, 모자라다

·눌訥 : 말이 어눌하다, 말솜씨가 변변찮다

·정正 : 여기서는 '군주나 수령의 정치나 정사'를 뜻한다.

·대성약결大成若缺 : 완전히 이루어진 것은 부족한 듯하다.

·기용불폐其用不弊 : 그것을 사용해도 부서지지 않는다.

·대영약충大盈若沖 : 가장 알찬 것은 빈 듯하다.

·기용불궁其用不窮 : 그를 사용해도 다함이 없다.

·대교약졸大巧若拙 : 매우 훌륭한 솜씨는 서툰 듯하다.

·대변약눌大辯若訥 : 뛰어난 말솜씨는 어눌한 듯하다.

·대영약출大贏若絀 : 크게 이긴 것은 모자란 듯하다.

·정승조靜勝躁 : 고요함은 분주함을 이긴다.

·한승열寒勝熱 : 추위는 더위를 이긴다.

·청정위천하정淸靜爲天下正 : 맑고 고요해야 바른 세상이 된다.

[요지]

이번 장에서는 참된 '대大'는 도에 알맞으며 그것이 바로 자연이며 자연의 반복적인 순환이 늘 정상적인 것 같지만 어딘가 부족한 듯하다고 설명하였다.

어리석기도 힘들다

하루는 초 장왕이 여러 대신을 초대해 술을 마시는데 갑자기 불어온 바람에 촛불이 꺼졌다. 그때 술에 취한 한 대신이 어둠을 틈타 초 장왕의 애첩을 희롱했다. 초 장왕의 애첩은 홧김에 손을 뿌리치고 그의 갓끈을 끊었다. 애첩은 촛불이 켜지기도 전에 왕에게 이 사실을 고자질했다. 초 장왕은 잠시 생각하더니 "오늘은 우리 모두 예의를 다 벗어던집시다. 이제 모두 갓끈을 끊고 화통하게 마십시다."라고 큰 소리로 선포하였다.

이윽고 촛불을 밝히자 어느 대신이 애첩을 희롱했는지 가려낼 수 없었다. 그로부터 3년 후 초나라는 진나라와 전쟁을 하게 되었는데 한 장수가 앞장서 적진을 돌파하고 마침내 승리를 거두었다. 초 장왕이 이상해 그 장수에게 "과인은 덕이 부족해 그대를 우대하지 못했는데 그대는 어찌 그렇게 죽음을 무릅쓰고 나섰는가?"라고 묻자 장수는 "신은 죽을 죄를 졌습니다. 전에 술에 취해 예를 범했는데 전하께서는 이를 아시고도 저를 책하지 않으셨습니다. 신은 폐하의 바다와 같은 은혜를 입었으니 성은에 보답하지 않을 수 없습니다. 신은 바로 그날 밤 갓끈이 잘린 사람입니다."라고 대답했다.

초 장왕은 대신들이 범한 과오를 관대히 용서해 신하로부터 충성심을 얻은 것이다. 이것이 바로 슬기로운 사람은 어리석게 제 자랑을 하지 않는 지혜인 것이다. 어리석기도 어렵고 어리석음의 정도를 재는 것은 더 어렵다.

무릇 현실에 맞게 적절히 강구하는 자는 지혜로운 반면, 모든 일을 똑같은 '방식'으로 처리하는 자는 아무리 거짓으로 어리석은 척해도 진정으로 어리석은 자가 되고 만다.

• • •

02_하지 않아도 이룰 수 있다

문밖을 나가지 않고도 세상일을 알 수 있고 창밖을 엿보지 않아도 하늘의 도를 안다. 멀리 나갈수록 아는 것이 적어진다. 이 때문에 성인은 나가지 않고도 알 수 있고 보지 않고도 분명히 알 수 있고 하지 않고도 이룰 수 있다.

不出戶, 知天下 : 不闚牖, 見天道
불출호 지천하 불규유 견천도
其出彌遠, 其知彌少.
기출미원 기지미소
是以聖人不行而知, 不見而名, 不爲而成.
시이성인불행이지 불견이명 불위이성
_「도덕경 47장」

[역해]

· 호戶 : 문門

· 규闚 : 작은 틈으로 보다

· 유牖 : 창문

· 천도天道 : 자연의 만물이 발전·변화하는 규율

· 미彌 : 점점, 더욱더

· 행行 : 걸어가다(여기서는 '행동과 실천'을 뜻한다.)

· 성成 : 성공하다, 성취하다

· 불규유不闚牖 : 창밖을 엿보지 않다

· 기출미원其出彌遠 : 점점 멀리 나가다

· 기지미소其知彌少 : 아는 것이 더 적어지다.

· 시이성인불행이지是以聖人不行而知 : 그래서 성인은 나가지 않고도 알 수 있다.

· 불견이명不見而名 : 보지 않아도 분명히 알 수 있다.

· 불위이성不爲而成 : 하지 않고도 이룰 수 있다.

[요지]

이번 장에서 노자는 '무위無爲' 사상에서 출발해 자신의 '인식론'과 '실천론'을 주장하였다.

자연스럽게 이룬 '덕'

진晉나라에 말을 모는 재주가 뛰어난 왕양이라는 사람이 있었다. 하루는 진나라 대부 조양자가 왕양에게 말 모는 법을 가르쳐 줄 것을 부탁했다. 왕양은 미천한 자가 대부의 부탁을 거절할 수 없어 말 모는 법을 대부에게 성심성의껏 가르쳐주었다. 그렇게 한동안 연습하자 대부 조양자도 제법 숙련된 마부처럼 마차를 몰았다.

얼마 후 조양자와 왕양이 마차 몰기 시합을 벌였다. 둘은 각자 마차를 몰기 시작했지만 조양자는 왕양보다 한참 뒤처졌고 결국 시합에 지자 조양자는 왕양의 말이 자신의 말보다 좋기 때문이라고 생각해 왕양에게 말을 바꾸어 다시 겨룰 것을 제안했다. 그러자 왕양은 두말없이 자신의 마차에서 말을 풀어 조양자의 마차에 묶어주고 조양자의 말을 자신의 마차에 묶고 다시 시합을 벌였다. 하지만 시합은 또다시 조양자의 패배로 끝나고 말았다. 조양자는 왕양이 바꾸어준 말이 원래 자신의 말보다 못한 듯해 다시 말을 바꿔 다시 시합을 벌였다.

그런데 이번에는 더 가관이었다. 왕양의 말은 날 듯이 내달리는데 조양자의 말은 일부러 그러는 듯 빨리 달리다가 느리게 달리고 또 걷다가 멈추는 것이었다. 다급해진 조양자는 분을 못 이기고 무섭게 채찍을 휘둘렀다. 그러고는 다시 왕양에게 말을 바꾸어 달라고 부탁했다. 그래서 말을 바꾸어 다시 시합했지만 이번에는 말이 조양자의 말을 아예 안 들어 시합을 할 수조차 없었다.

진나라 대부인 자신의 체면이 땅에 떨어지자 조양자는 왕양에게 버럭 화를 내며 말했다.

"말 모는 기술을 내게 다 전수해주겠다더니 가르쳐주지 않은 기술이 또 있었군."

그러자 왕양이 황급히 말했다.

"소인이 어찌 그럴 수 있겠습니까? 소인은 분명히 모든 기술을 대인에게 가르쳐드렸습니다. 누구든 마차를 몰 때는 말에 수레를 잘 밀착시키는 것이 가장 중요합니다. 말을 모는 사람은 말에게만 집중하고 말의 움직임을 절대로 방해하면 안 됩니다. 말의 움직임을 방해해 이리저리하면 말은 방향을 못 잡고 오가기만 합니다. 대인께서 시합을 지신 까닭은 바로 그것입니다. 대인께서는 앞섰을 때나 뒤처졌을 때나 소인에게만 집중했으니 어찌 말의 움직임과 하나가 될 수 있었겠습니까? 마차 경주에서 달리는 것은 사람이 아닌 말입니다. 말이 경기를 주도하고 사람은 그저 말이 잘 달리도록 방향만 잡아주고 방해만 안 하면 됩니다. 그런데 대인께서는 그 반대로 하셨으니 어찌 시합을 지지 않을 수 있겠습니까?"

03_천하에는 시작이 있다

천하에는 시작이 있으니 그것이 천하의 어머니다. 이미 어머니를 얻으면 그 아들을 알 수 있어 죽을 때까지 위태롭지 않다. 욕심의 입을 막고 문을 닫으면 죽을 때까지 근심, 걱정이 없다. 욕심의 입을 열고 욕심을 채우려고 하면 평생 구제받을 수 없다. 작은 것을 보고도 밝음을 볼 수 있고 유약함을 지킬 수 있어야 강하다고 할 수 있다. 빛을 이용해 밝음으로 돌아가면 몸에 재앙이 남을 일이 없으니 이를 도의 영원함을 따른다고 이른다.

天下有始, 以爲天下母.
천하유시 이위천하모
旣得其母, 以知其子, 旣知其子, 復守其母, 沒身不殆.
기득기모 이지기자 기지기자 복수기모 몰신불태
塞其兌, 閉其門, 終身不勤.
색기태 폐기문 종신불근
開其兌, 濟其事, 終身不救.
개기태 제기사 종신불구
見小曰明, 守柔曰強.
견소왈명 수유왈강
用其光, 復歸其明, 無遺身殃, 是爲襲常.
용기광 복귀기명 무유신앙 시위습상
_「도덕경 52장」

[역해]

· 모母 : 어머니, 근본, 근원

· 태兌 : 구멍(혈). 여기서는 '입'을 말한다.

· 근勤 : 근심, 걱정

· 광光 : 여기서는 '훌륭한 점, 좋은 점'을 뜻한다.

· 제기사濟其事 : 여기서는 '욕심대로 하고 싶은 일을 다 한다'라는 뜻이다.

· 습상襲常 : 항상 도의 영원함을 따르다.

· 기득기모既得其母 : 이미 어머니를 얻다.

· 이지기자以知其子 : 그 아들을 알 수 있다.

· 복수기모復守其母 : 다시 그 어머니(근본)를 지킬 수 있다.

· 몰신불태沒身不殆 : 몸이 죽을 때까지 위태롭지 않다.

· 색기태塞其兌 : (욕심의) 입을 막다.

· 종신불근終身不勤 : 죽을 때까지 근심, 걱정이 없다.

· 제기사濟其事 : (욕심을) 채우다.

· 종신불구終身不救 : 평생 구제받을 수 없다.

· 견소왈명見小曰明 : 작은 것을 보고도 밝음을 알 수 있다.

· 용기광用其光 : 그 빛(좋은 점)을 이용하다.

· 복귀기명復歸其明 : 밝음으로 돌아가다.

· 무유신앙無遺身殃 : 몸에 재앙이 남을 일이 없다.

· 시위습상是爲襲常 : 이를 도의 영원함을 따른다고 이른다.

이번 장에서는 입신 처세에서 대도大道로 되돌아가는 방법을 설명하면서 도가 천하 만물의 근본이 되는 도리를 천명하였다.

경 전 사 례

세세한 것을 볼 줄 아는 현명함

상나라 주왕紂王은 역사상 포악하기로 악명 높은 군주였다. 상 왕조는 주왕 때 멸망했는데 그가 왕위에 막 올랐을 때 과연 얼마나 많은 사람이 이런 비극적인 결말을 예상했을까? 애당초 많은 백성이 주왕의 통치하에 상나라는 더 견고해질 것으로 생각했고 조정 대신들도 모두 크게 기뻐했지만 유독 주왕의 숙부인 기자箕子만은 그렇지 않았다.

하루는 주왕이 자신의 젓가락을 상아로 만들 것을 명했다. 다른 사람들은 모두 상아 젓가락이 왕의 신분에 걸맞고 왕실의 위엄과도 잘 어울린다고 생각했지만 숙부인 기자는 매우 걱정했다. 그런 그에게 사람들이 쓸데없이 걱정한다며 꾸짖자 그가 반론했다.

"상아로 젓가락을 만들어 사용하면 분명히 흙으로 만든 도자기에 음식을 담아 먹고 싶지 않을 겁니다. 무소의 뿔로 잔을 만들고 옥으로 밥그릇을 만들려고 할 것이 분명합니다. 상아 젓가락, 무소뿔 잔, 옥그릇이 생기면 그런 호화로운 식기에 콩, 채소, 탕을 담아 먹겠습니까? 그럼 주왕의 식탁에는 분명히 코끼리 고기, 표범 고기 등 온갖 산해진미가 올라올 것이 뻔합니다. 그럼 분명히 수수한 무명옷을 입고 그런 진수성찬을 먹으려고 하지 않을 겁니다. 왕께서는 자연히 비단에 수놓은 옷을 입고 비단옷 위에 다시 비단옷을 겹쳐 입을 겁니다. 소박한 옷에서 화려한 비단옷으로 바꾸어 입으셨으니 분명히 허름한 초가집에서 화려한 궁궐로 거처를 옮기려고 할 것이고 높은 누각도 하나 지으려고 할 겁니다. 계속 그렇게 가다 보면 어디까지 욕심부릴지 아무도 모릅니다. 대나무 젓가락 대신 상아 젓가락을 사용하겠다는 것은 이런 끝없는 욕망의 싹을 뜻합니다. 나는 이 욕망의 싹을 보는 것 같아 염려스러울 따름입니다."

불행히도 기자의 예언은 적중했다. 상아 젓가락을 사용한 지 5년도 안 되어 주왕은 술로 연못을 채우고 곡식으로 산을 쌓고 고기를 매달아 숲을 만들어 흥청망청 먹고 마시며 향락에 빠졌다. 세금도 늘려 무리한 토목공사를 벌였으니 각지에서 개, 말, 진귀한 보물과 희귀한 물건을 모아 동산을 만들어 그곳에 새와 짐승을 풀어놓았다. 주왕은 총애하는 신하들과 시도 때도 없이 사냥을 즐겼고 악공을 불러 음란한 노래를 부르게 하고 첩인 달기妲己와 온종일 음악을 들으며 놀아났다. 그러면서 뛰어난 말재주로 교묘히 자신의 과오를 덮고 대신들의 충언을 막았다. 진심으로 간언하다가 그의 손에 죽어간 충신 수가 셀 수 없을 정도였다. 그렇게 방탕하게 생활하던 주왕은 결국 주 무왕周武王에게 죽임을 당하고 상 왕조도 멸망하고 말았다.

04_덕을 제대로 세우려면

잘 세운 덕은 뽑히지 않고 간직된 도는 빠져나가지 않으니 자손들이 제사를 그치지 않는다. 내 몸을 닦으면 그 덕은 참되고 내 집을 닦으면 그 덕은 넘치고 고을을 닦으면 그 덕이 오래가고 나라를 닦으면 그 덕이 풍성해지고 천하를 닦으면 그 덕이 두루 미친다. 그러므로 내 몸으로 남의 몸을 보고 내 고을로 남의 고을을 보며 내 나라로 남의 나라를 보고 현재의 천하로 미래의 천하를 보아야 한다. 온 천하가 그렇다는 것을 나는 무엇으로 알 수 있는가? 바로 이런 이치를 통해서다.

善建者不拔, 善抱者不脫, 子孫以祭祀不輟.

선건자불발 선포자불탈 자손이제사불철

修之於身, 其德乃眞 : 修之於家, 其德乃餘 : 修之於鄕, 其德乃長 : 修之於邦, 其德乃豐 : 修之於天下, 其德乃普.

수지어신 기덕내진 수지어가 기덕내여 수지어향 기덕내장 수지어방 기덕내풍 수지어천하 기덕내보

故以身觀身, 以家觀家, 以鄕觀鄕, 以邦觀邦, 以天下觀天下.

고이신관신 이가관가 이양관향 이국관국 이천하관천하

吾何以知天下然哉, 以此.

오하이지천하연재 이차

_「도덕경 54장」

[역해]

· 불발不拔 : 뽑히지 않다

· 불탈不脫 : 빠져나가지 못하다

· 불철不輟 : 끊이지 않다

· 기덕내보其德乃普 : 그 덕이 어디에나 미치다

· 방邦 : 국가, 천하, 이웃나라

· 이차以此 : 이것으로써, 이것에 의해(여기서는 벗어나지 않는 자연적인 덕을 뜻한다.)

· 건선자불발善建者不拔 : 잘 세운 덕은 뽑혀나가지 않는다.

· 선포자불탈善抱者不脫 : 잘 간직된 것은 빠져나가지 않는다.

· 자손이제사불철子孫以祭祀不輟 : 자손들이 제사를 그치지 않는다.

· 수지어신修之於身 : 몸을 닦다, 수신하다

· 기덕내진其德乃真 : 그 덕이 참되다.

· 기덕내여其德乃餘 : 그 덕이 넘치다.

· 수지어방修之於邦 : 나라를 닦다.

· 기덕내풍其德乃豐 : 그 덕이 풍성하다.

· 기덕내보其德乃普 : 그 덕이 두루 미치다.

· 고이신관신故以身觀身 : 그러므로 내 몸으로 남의 몸을 본다.

· 이천하관천하以天下觀天下 : 이 천하로써 천하를 본다(현재의 천하로 미래의 천하를 본다).

· 오하이지천하연재吾何以知天下然哉 : 천하가 그렇다는 것을 내가 무엇으로 알 수 있겠는가?

· 이차以此 : 이로써다(바로 이런 이치를 통해서다).

[요지]

이번 장에서 노자는 '수修'와 '관觀'의 의의를 서술하였다. 여기서 '수'는 수신을 말하고 '관'은 천하 사물의 도리를 관찰·추측하는 것이다.

동생을 가르친 형

명나라 대학사 이정기의 동생은 지극히 평범한 백성이었다. 하루는 이정기의 동생이 경성으로 올라와 형을 만나러 왔는데 동생은 당시 대유행하던 옷차림으로 문인들이 쓰고 다니는 두건을 쓰고 왔다. 이정기는 동생에게 집안 형편을 묻고 나서 동생의 변한 옷차림을 보고 물었다.

"너는 이미 학당에 들어가 공부하느냐?"

동생이 묵묵부답하자 형이 다시 물었다.

"그럼 네가 쓰고 다니던 모자는?"

"소매 안에 있습니다."라고 동생이 대답하자 이정기는 이렇게 말했다.

"네가 쓰고 다니는 모자는 정말 좋은 것이었는데 공부도 안 하고 속세만 따르면 안 된다."

형의 말을 들은 동생은 소매에 감추었던 모자를 곧바로 꺼내 바꾸어 썼다.

05_만물이 왕성하면 늙는다

덕을 품음이 두터운 것은 갓난아기에 비한다. 독벌레에 쏘이지 않고 맹수가 덤비지 않으며 할퀴는 새에 잡히지 않는다. 뼈가 약하고 근육이 부드럽고 잡는 것은 굳세다. 암수가 합치는 것을 모르면서 생식기가 일어나는 것은 정기가 지극한 것이다. 온종일 울어도 목이 쉬지 않는 것은 조화가 지극한 것이다. 조화를 아는 것은 떳떳함이고 떳떳함을 아는 것을 밝음이라고 한다. 삶을 늘리는 것을 재앙이라고 하고 마음에 기운을 부리는 것을 강하다고 한다. 만물은 왕성하면 늙으니 이는 도가 아니라고 이른다. 도가 아닌 것은 일찍 그친다.

含德之厚, 比於赤子.
함덕지후 비어적자

毒蟲不螫, 猛獸不據, 攫鳥不搏.
독충불석 맹수불거 확조불박

骨弱筋柔而握固, 未知牝牡之合而脧作, 精之至也.
골약근유이악고 미지빈모지합이최작 정지지야

終日號而不嗄, 和之至也.
종일호이불사 화지지야

知和曰常, 知常曰明, 益生曰祥, 心使氣曰強.
지화왈상 지상왈명 익생왈상 심사기왈강

物壯則老, 謂之不道, 不道早已.

물장즉로 위지부도 부도조이

_「도덕경 55장」

[역해]

· 적자赤子 : 갓난아기

· 석螫 : (벌레가) 쏘다

· 빈모牝牡 : 암컷과 숫컷

· 사嗄 : 목이 쉬다, 목이 막히다

· 최朘 : 생식기

· 익생益生 : 생명을 늘림

· 상祥 : 길하다(여기서는 '재앙'을 뜻한다.)

· 함덕지후含德之厚 : 덕을 품음이 두텁다.

· 독충불석毒蟲不螫 : 독충에게 쏘이지 않다.

· 맹수불거猛獸不據 : 맹수가 덮치지 않다.

· 확조불박攫鳥不搏 : 할퀴는 새에게 잡히지 않다.

· 골약근유이악고骨弱筋柔而握固 : 뼈는 약하고 근육은 부드럽고 잡는 것은
  굳세다.

· 미지빈모지합이최작未知牝牡之合而朘作 : 암수가 합치는 것을 모르면서
  생식기가 일어나다.

· 정지지야精之至也 : 정기가 지극한 것이다.

· 종일호이불사終日號而不嗄 : 온종일 울어도 목이 쉬지 않는다.

· 화지지야和之至也 : 조화가 지극하다.

· 지화왈상知和曰常 : 조화를 아는 것은 떳떳함이다.

· 지상왈명知常曰明 : 떳떳함을 아는 것은 밝음이다.

· 익생왈상益生曰祥 : 삶을 늘리는 것은 재앙이다.

· 심사기왈강心使氣曰強 : 마음이 기운을 부리는 것이 강하다.

· 물장즉노物壯則老 : 사물이 왕성하면 늙는다.

· 위지부도謂之不道 : 도가 아니라고 이른다.

· 부도조이不道早已 : 도가 아닌 것은 일찍 그친다.

[요지]

이번 장에서는 사람이 가장 좋은 상태를 중점적으로 설명하였다. 노자는 덕을 쌓는 사람을 갓난아기에 과장법으로 비유해 무아無我, 무위, 무욕의 도를 터득한 자는 그 어떤 사물의 구애도 받지 않는 무심의 경지에 이를 수 있다고 설명하였다.

경 전 사 례 ─────────────────────

조광윤의 생활 태도

송 태조 조광윤의 일상은 매우 검소했다. 항상 깨끗이 세탁한 옷을 입었고 침전의 주렴도 푸른 천으로 가장자리를 장식할 정도로 검소했다.

하루는 궁중 연회에서 동생 광의가 지나치게 검소한 그의 복장을 보고 더 황제다운 옷을 입는 것이 좋지 않겠냐고 권했다. 그러자 태조는 정색하며 나무랐다.

"그대는 병영에서 자란 시절을 잊었느냐?"

또 하루는 영경 공주(태조의 딸)가 화려하게 수놓은 겉옷을 입고 나타나자
그 옷을 빼앗아버렸다.

"그 옷을 이리 벗어다오. 앞으로 이런 옷을 몸에 걸치면 안 되느니라."

"이 정도야 괜찮지 않습니까? 자수도 별로 많지 않은데…"

공주가 항의했지만 태조는 끝까지 허락하지 않았다.

"아니다. 공주인 네가 이런 옷을 몸에 걸치면 다른 사람들이 보고 따를
것이니라."

즉위한 이듬해 원정을 나간 곳에서 칠석을 맞았다. 칠석은 '걸교절乞巧節'
로 여성들의 축제일이었다. 그래서 태조는 어머니인 두杜 태후와 아내 왕
황후에게 축하 선물을 보냈다. 선물로 태후에게는 3관, 황후에게는 1.5관
을 보낸 것이다. 황제의 지위에 올랐으면서도 무인 집안에서 자라 검소한
기풍을 잃지 않은 것이다. 그렇다고 태조는 구두쇠는 아니었다. 공신들에
게는 아낌없이 돈을 뿌리며 공을 치하했고 항복한 제후왕에게도 후하게
대우를 했다. 써야 할 곳에는 아낌없이 썼다. 다만, 사생활에서는 검약을
잊지 않았다.

태조는 독서를 좋아해 늘 책을 곁에 지녔고 귀한 책을 발견하면 아낌없
이 거금을 들여 샀다.

즉위 전 누군가가 후주의 세종에게 중상모략을 했다.

"조광윤은 금은보화를 수레에 가득 싣고 다닙니다."

이에 사람을 보내 조사해보니 수레에 실린 것은 모두 책이었다. 이상하게 생각한 세종이 물었다.

"장군의 몸으로 책들을 모아 어쩔 셈인가?"

그러자 조광윤은 이렇게 대답했다.

"폐하를 받들어 모시면서 각별한 지모도 없고 밤낮 직무도 다하지 못하는 것 같아 송구스럽게 생각하고 있습니다. 그래서 책을 벗삼아 견문을 넓히고 조금이라도 배우는 것이 있기를 바라고 있습니다."

황제가 된 후에도 독서 취미는 변하지 않았다. 항상 사관을 드나들며 역사서를 읽고 그것을 자료 삼아 중신들과 토론하고 역사에서 경험을 배우려고 했다. 황제가 된 후 곧잘 신하의 의견에 귀를 기울여 '허심납간虛心納諫'이라는 말을 들었다. 건언을 좋아한 당 태종 이세민과 비교하면 당 태종에게는 어딘지 모르게 인위적인 면이 엿보였지만 송 태조는 그렇지 않았다.

06_장구불멸

백성을 다스리고 하늘을 섬기는 일에 아끼는 것보다 더 나은 것은 없다. 오직 아끼는 것만으로 일찍 돌아갈 수 있으며 일찍 돌아가는 것이 덕을 쌓는 일이며 덕을 많이 쌓으면 극복하지 못할 것이 없고 극복하지 못할 것이 없으니 그 한계를 알 수 없고 그 한계를 알 수 없으니 나라를 가질 수 있고 나라의 근본이 있으면 장수할 수 있다. 이것이 바로 뿌리가 깊고 튼튼한 것이니 '장구불멸'의 도리인 것이다.

治人事天, 莫若嗇.

치인사천 막약색

夫唯嗇, 是以早服:

부유색 시이조복

早服謂之重積德 : 重積德則無不克:

조복위지중적덕 중적덕즉무불극

無不克則莫知其極:

무불극즉막지기극

莫知其極, 可以有國:

막자기극 가이유국

有國之母, 可以長久.

유극지모 가이장구

是謂深根固柢, 長生久視之道.

시위심근고저 장생구시지도

_『도덕경 59장』

[역해]

· 사천事天 : 하늘을 섬기다

· 색嗇 : 아끼다

· 극極 : 극치, 최고 정점

· 모母 : '도, 근본'이라는 뜻이다.

· 구시久視 : 오랫동안 보다, 오랫동안 살다.

· 막약색莫若嗇 : 아끼는 것보다 나은 것은 없다.

· 시이조복是以早服 : 이로써 일찍 돌아가다.

· 중적덕즉무불극重積德則無不克 : 덕을 많이 쌓으면 극복하지 못할 것이
  없다.

· 무불극즉막지기극無不克則莫知其極 : 극복하지 못할 것이 없으니 그 한계
  를 알 수 없다.

· 막지기극莫知其極 : 그 한계를 알 수 없다.

· 유국지모有國之母 : 나라의 근본이 있다.

· 시위심근고저是謂深根固柢 : 이것이 바로 뿌리가 깊고 튼튼한 것이다.

· 장생구시지도長生久視之道 : 장생하며 오랫동안 볼 수 있는 것이 도리다.

[요지]

이번 장에서는 백성을 다스리고 하늘을 섬기는 주요 원칙을 제시했고

이것을 실현하는 구체적인 방법은 '아끼다嗇'이고 '사천事天'은 정기와 신심身心을 보양하는 것이다.

경 전 사 례

제갈량의 '치인治人'

동한 말기 촉나라 재상 제갈량은 공심술로 남방 오랑캐와 교전을 벌여 승리하였다. 제갈량은 맹획을 비롯한 수많은 포로를 풀어주고 맛난 음식을 내려 그들이 복종하게 했다. 하지만 맹획이 그 어떤 회유에도 넘어가지 않자 제갈량은 맹획을 돌려보내며 병사와 무기를 재정비해 교전할 것을 약속했다. 그렇게 맹획은 제갈량에게 재도전했다. 하지만 지난번 제갈량의 관대한 처분에 감동받은 맹획의 병사들은 전장에 나서자마자 모두 후퇴하거나 투항했고 맹획만 대결 끝에 포로가 되어 촉 진영으로 압송되어 왔다. 이에 제갈량이 맹획에게 이제 굴복하겠냐고 물었지만 맹획은 여전히 굴복하지 않았다. 그래서 제갈량은 그들을 다시 돌려보냈다.

그렇게 맹획은 제갈량에게 여러 번 도전해왔고 그때마다 포로가 되었고 제갈량은 매번 맹획을 풀어주었다. 얼마 후 맹획은 일곱 번째로 제갈량에게 도전했지만 이번에도 포로가 되었다. 제갈량은 이번에는 맹획을 만나지 않았지만 부하를 시켜 음식을 갖다주고 그를 다시 돌려보내며 언제든지 다시 도전해오라는 뜻을 전했다. 그 소식을 들은 맹획은 눈물을 흘리며 촉나라에 투항했다.

그후 제갈량은 연회를 베풀어 맹획을 환대했을 뿐만 아니라 맹획의 권력을 박탈하기는커녕 이미 빼앗은 영토마저 돌려주었다. 얼마 후 제갈량은 군대를 이끌고 촉나라로 돌아왔지만 이후 남방 오랑캐는 두 번 다시 도발하지 않았다.

•••

07 _ 만물을 감싸준다

도는 만물을 감싸주고 덮어주니 선한 사람의 보배이자 선하지 않은 사람의 보호막이다. 아름다운 말은 존경받고 아름다운 행동은 남들에게 유익하다. 선하지 않은 사람이라고 어찌 버릴 수 있겠는가? 그러므로 천자를 세우고 삼공三公을 임명할 때 구슬을 바치고 사두마차를 보내지만 그보다는 무릎 꿇고 도를 바쳐 올리는 것이 낫다. 옛날부터 이 도를 귀하게 여기는 까닭은 무엇인가? 구하면 얻고 죄가 있으면 면한다고 하지 않았는가? 그러므로 천하가 귀하게 여기는 것이다.

道者萬物之奧.

도자만물지오

善人之寶, 不善人之所保.

선인지보 불선인지소보

美言可以市, 尊行可以加人.

미언가이시 존행가이가인

人之不善, 何棄之有

인지불선 하기지유

故立天子, 置三公.

고립천자 치삼공

雖有拱璧以先駟馬, 不如坐進此道.

수유공벽이선사마 불여좌진차도

古之所以貴此道者何

고지소이귀차도자하

不曰 : 以求得, 有罪以免耶.

불왈 이구득 유죄이면야

故爲天下貴.

고위천하귀

_『도덕경 62장』

[역해]

· 오奧 : 보호하다, 감싸주다

· 시존市尊 : 존경받다(시市 : 취하다, 사다)

· 가인加人 : 영향을 미치다

· 삼공三公 : 중국에서 높은 벼슬인 태사, 태부, 태보

· 벽壁 : 둥근 구슬

· 도자만물지오道者萬物之奧 : 도는 만물을 감싸준다.

· 미언가이시美言可以市 : 번지르르한 말은 시장에서 쓰일 수 있고

· 존행가이가인尊行可以加人 : 존엄한 행위는 사람을 불러 보이네

· 하기지유何棄之有 : 어찌 버릴 수 있겠는가?

· 수유공벽이선사마雖有拱璧以先駟馬 : 구슬을 바치고 사두마차를 보냈
  지만

· 불여좌진차도不如坐進此道 : 무릎 꿇고 도를 올려바치는 것보다 못하다.

· 불왈不曰 : 말하지 않았다.

· 고지소이귀차도자하古之所以貴此道者何 : 옛날부터 이 도를 귀하게 여기
  는 까닭은 무엇인가?

· 이구득以求得 : 구하면 얻는다.

· 유죄이면야有罪以免耶 : 죄가 있으면 면한다.

· 고위천하귀故為天下貴 : 그러므로 천하가 귀하게 여긴다.

[요지]

이번 장에서는 도의 고귀함과 도를 닦을 때 마땅히 지켜야 할 원칙을 설
명하였다. 착한 자든 악한 자든 지위 고하와 귀천을 불문하고 누구나 도
를 닦는 데 조금이라도 발전하면 바로 그만한 유익한 면이 있다.

원한을 덮어버린 유수

경시제更始帝의 신하인 주유가 유수의 형인 유연이 암살 음모에 가담했으니 유수의 병권을 몰수하라는 건의를 황제에게 여러 번 올린 일로 서로 등을 돌리게 되었다. 유수는 황제를 자처한 후 직접 군대를 이끌고 주유가 지키던 낙양을 공격했다. 몇 달이 지나도 성을 함락시키지 못하자 유수는 옛날 주유의 부하였던 잠팽을 보내 항복할 것을 권했다.

잠팽이 성문 앞으로 가 주유에게 천하의 대세를 설명하자 성문 위에서 듣던 주유가 대답했다.

"나는 유연의 암살 음모에 가담했다고 유수가 병권을 장악하지 못하도록 여러 번 황제에게 건의해 내 죄를 너무나 잘 알고 있다. 그러니 절대로 투항할 수 없다."

주유가 한 말을 잠팽이 유수에게 그대로 전하자 유수는 이렇게 말했다.

"대업을 이룰 자는 사소한 원한에 사로잡히면 안 된다. 주유가 곧바로 투항하면 관직은 물론 그를 절대로 해치지 않겠다. 저기 도도히 흐르는 황하를 두고 맹세하노니 한 입으로 두 말은 절대로 하지 않겠다."

주유는 잠팽이 전하는 말을 듣고도 마음이 놓이지 않자 성 위에서 밧줄을 내려보내며 이렇게 말했다.

"네 말이 사실이라면 이 밧줄을 붙잡고 올라오라."

잠팽은 주저없이 밧줄을 붙잡고 성 위로 기어 올라갔다. 그제야 주유는 안심하고 항복했다.

며칠 후 주유는 시종들을 데리고 잠팽과 함께 유수를 만나러 갔다. 떠나기 전 그는 부하들에게 말했다.

"만약 내가 돌아오지 못하면 너희는 즉시 부대를 인솔해 포위망을 뚫고 도망쳐라."

그런 다음 스스로 결박한 채 유수 진영으로 향했다. 유수는 그의 결박을 몸소 풀어주고 위로의 말로 그를 안심시켰다. 아울러 그날로 주유를 낙양으로 돌려보냈다.

다음 날 아침 주유는 부대를 이끌고 와 투항했고 유수는 그를 즉시 평적 장군으로 임명하고 부구후에 봉했다. 그래서 유수는 곧바로 낙양으로 진주했고 낙양을 동한東漢 수도로 정했다.

08_큰일은 사소한 것에서 시작된다

무위로 하고 일이 없는 것을 일로 하며 맛없음을 맛으로 한다. 큰 것을 작은 것으로 여기고 많은 것을 적은 것으로 여긴다. 어려움을 쉬움에서 도모하고 큰 것을 미세함에서 한다. 천하의 어려운 일도 반드시 쉬움에서 일어나고 천하의 큰일도 반드시 미세함에서 일어난다. 이 때문에 성인은 끝내 큰 것을 위함이 있으니 능히 그 큰 것을 이룰 수 있다. 대저 가벼운 응낙은 반드시 신의가 적고 쉬움이 많으면 반드시 어려움이 많다. 이 때문에 성인은 이를 오히려 어렵게 여기므로 끝내 어려움이 없는 것이다.

為無為, 事無事, 味無味.
위무위 사무사 미무미
大小多少, 報怨以德.
대소다소 보원이덕
圖難於其易, 爲大於其細 : 天下難事, 必作於易 : 天下大事, 必作於細.
도난어기이 위대어기세 천하난사 필작어이 천하대사 필작어세
是以聖人終不爲大, 故能成其大.
시이성인종불위대 고능성기대
夫輕諾必寡信, 多易必多難.
부경낙필과신 다이필다난
是以聖人猶難之, 故終無難矣.
시이성인유난지 고종무난의
_「도덕경 63장」

· 위무위爲無爲 : 함이 없음을 함으로 하다

· 사무사事無事 : 일이 없음을 일로 하다

· 대소다소大小多少 : 큰 것을 작은 것으로 하고 많은 것을 적은 것으로 하다.

· 보원이덕報怨以德 : 원한을 덕으로 갚는다.

· 도난어기이圖難於其易 : 어려움을 그 쉬움에서 도모하다

· 위대어기세爲大於其細 : 큰 것을 그 미세함에서 하다

· 필작어이必作於易 : 반드시 쉬움에서 일어난다.

· 필작어세必作於細 : 반드시 미세함에서 일어난다.

· 시이성인 종불위대是以聖人 終不爲大 : 이 때문에 성인은 끝내 큰 것을 위하지 않는다.

· 고능성기대故能成其大 : 그러므로 능히 그 큰 것을 이룰 수 있다.

· 부경낙필과신夫輕諾必寡信 : 대저 가벼운 승낙은 반드시 신의가 적다.

· 다이필다난多易必多難 : 쉬움이 많으면 반드시 어려움이 많다.

· 시이성인유난지是以聖人猶難之 : 이 때문에 성인은 이를 오히려 어렵게 여긴다.

· 고종무난의故終無難矣 : 그래서 끝내 어려움이 없는 것이다.

[요지]

이번 장에서는 '무위無爲'와 '없는 일을 일로 한다'라는 사상을 천명하였다. 보건대 성인은 작고 사소하고 쉬운 일만 하고 심지어 아무 일도 안 하

는 것처럼 보이지만 끝내 어렵지 않게 큰 일을 성취한다.

경 전 사 례

'갑부'의 신의

중국 중앙방송국의 한 사회자가 리카싱李嘉誠을 '홍콩 갑부'라고 부른 적이 있는데 당시 리카싱은 이렇게 대답했다.

"소위 '갑부'로 불리는 사람들은 그 말이 틀렸다는 것을 안다. 홍콩에는 나보다 돈 많은 사람이 적지 않다. 그들의 이름을 댈 수는 없지만 아는 사람은 다 안다. 하지만 부자가 되는 것은 당신의 생각과 행동에 달려 있다. 자신이 처한 현실에 스스로 만족한다면 그것이 바로 부자인 것이다." 이 말에서 리카싱은 '갑부'보다 '어떻게 행동하느냐'를 더 중시했다.

리카싱이 1950년대에 플라스틱 사업을 처음 할 때 사업 상담을 위해 그가 자주 다니던 길에 항상 여자 거지 한 명이 앉아 있었다. 타향에서 온 듯한 45세가량 되어 보이는 이 점잖은 거지는 절대로 먼저 손을 내밀어 돈을 구걸하지 않았다. 그러나 리카싱은 매번 그녀에게 적선했다.

그러던 어느 추운 날 사람들은 그녀에게 아무 관심도 없이 지나갔지만 리카싱은 그냥 지나치지 않고 신문이라도 팔아보는 것이 어떻겠냐고 그녀에게 물었다. 그녀가 자신의 고향사람들 모두 이런 상황이라고 대답하자 리카싱은 그녀에게 3일 후 그들을 모두 자신에게 데려오라고 했다. 리카싱은 그들에게 작은 장사라도 시켜볼 생각이었다.

그녀와 약속한 날 그 시간에 공교롭게도 리카싱의 공장에 한 참관 고객이 찾아왔다. 사업자에게 고객은 왕이어서 그 자리를 뜰 수 없었지만 리카싱은 거지와의 약속을 지키기 위해 상담 도중 차를 몰고 그녀에게 향했다. 과속으로 사고 위험까지 감수해가며. 리카싱은 거기서 만난 사람들에게 돈을 주며 앞으로는 성실히 일하고 더이상 구걸하지 말 것을 당부했다. 그리고 서둘러 회사로 돌아가 웃음 가득한 얼굴로 고객을 맞았다. 평소 알지도 못하는 거지를 도와주기 위해 '왕'과 같은 고객 접대도 미루고 약속을 지키니 자신의 사업이 저절로 번창할 수밖에 없지 않은가!

09_보존 중인 세 가지 보물

온 천하가 내게 이르길 도가 커 같지 않다고 한다. 대저 오직 커서 비슷하지도 않다. 비슷하면 그 작은 것이 오래 갈 것이다. 나는 세 가지 보물을 지키며 간직한다. 자애, 검약, 감히 세상 앞에 나서지 않는 것이다. 자애해용감할 수 있고 검약해 널리 베풀 수 있고 천하 앞에 감히 나서지 않아 만물의 으뜸이 될 수 있다. 오늘 자애를 버리고 용감하기만 하고 검약을 버리고 널리 베풀기만 하고 뒤로함을 버리고 앞서고자 한다면 모든 것이 죽고 말 것이다! 대저 자애로 싸운다면 승리하고 자애로 지킨다면 견고하니 장차 하늘이 그를 구하고자 하면 자애로 지켜준다.

天下皆謂我：道大, 似不肖.
천하개위아 도대 사불초

夫唯大, 故似不肖.
부유대 고사불초

若肖, 久矣其細也夫.
약초 구의기세야부

我有三寶, 持而保之：一曰慈, 二曰儉, 三曰不敢爲天下先, 慈, 故能勇：儉故能廣：不敢爲天下先, 故能成器長.
아유삼보 지이보지 일왈자 이왈검 삼왈불감위천하선 자 고능용 검고능광 불감위천하선 고능성기장

今舍慈且勇, 舍儉且廣, 舍後且先, 死矣.

금사자차용 사검차광 사후차선 사의

夫慈, 以戰則勝, 以守則固, 天將救之, 以慈衛之.

부자 이전즉승 이수즉고 천장구지 이자위지

_「도덕경 67장」

[역해]

· 불초不肖 : 어리석다, 못나다 (초肖 : '비슷하다')

· 천하개위아天下皆謂我 : 온 천하가 내게 말하다.

· 사불초似不肖 : 불초한(어리석은) 것 같다.

· 부유대夫唯大 : 그것이 오직 크다.

· 고사불초故似不肖 : 그래서 불초한 것 같다.

· 약초若肖 : 만약 비슷하면

· 구의기세야부久矣其細也夫 : 그 작은 것이 오래 갈 것이다.

· 지이보지持而保之 : 지니고 보존하다.

· 불감위천하선不敢爲天下先 : 감히 세상 앞에 나서지 않는다.

· 자 고능용慈, 故能勇 : 자애로써 용감할 수 있다.

· 검고능광儉故能廣 : 검소함으로써 널리 베풀 수 있다.

· 고능성기장故能成器長 : 그래서 만물의 으뜸이 될 수 있다.

· 금사자차용今舍慈且勇 : 오늘 자애를 버리고 용감하기만 하다.

· 사후차선舍後且先 : 뒤에 서려는 것을 버리고 앞서기만 한다.

· 부자夫慈 : 무릇 자애로

· 이전즉승以戰則勝 : (무릇 자애로) 싸우면 승리한다.

· 천장구지天將救之 : 하늘이 구하고자 한다.

· 이자위지以慈衛之 : 자애로써 지켜준다.

[요지]

이번 장에서는 도의 위대함과 도의 원칙의 신묘한 작용을 천명하였다. 특히 세 가지 보물인 '자慈', '검儉', '감히 세상 앞에 나서지 않음'을 중점적으로 설명하였다.

경전사례

인애로 적을 투항시키다

원나라 태조 칭기즈칸은 유명 정치가이자 군사이론가이다. 그는 재위 기간 유럽과 아시아 대륙을 여러 번 정복하고 역사상 가장 강력한 대제국을 건설하였다.

하루는 부하들과 사냥을 나갔는데 도중에 태적오의 주리예인을 만났다. 그의 부하가 칭기즈칸에게 "저들은 모두 우리의 원수인데 칸께서는 죽이라는 명령을 어찌 내리지 않으십니까?"라고 묻자 칭기즈칸이 대답했다.

"지금 저들이 우리를 침범한 것도 아닌데 굳이 해칠 필요가 있겠는가. 때로는 자애를 베풀 줄도 알아야 한다."

주리예인은 칭기즈칸을 처음 만났을 때 이미 죽은 목숨으로 생각했지만 자신들을 해치지 않는다는 것을 깨닫고 칭기즈칸에게 말을 걸어왔다. 주리예인들이 태적오의 박해를 못 이겨 그곳에 온 것을 알게 된 칭기즈칸은 그들을 자신의 진영에 머물게 하고 사냥한 동물의 절반을 나누어 주겠다고 약속했다.

다음 날 칭기즈칸은 약속한 대로 사냥한 동물의 절반을 주리예인에게 나누어 주었다. 주리예인은 너무 감동해 "태적오의 박해는 차마 말하지도 못할 정도입니다. 칸이야말로 진정 의와 도를 갖춘 현인입니다."라고 말하고 칭기즈칸을 따르기로 결심했다. 그 사실을 알게 된 태적오의 부족장 적노온은 즉시 자신의 부족을 이끌고 칭기즈칸에게 투항해왔다.

10_품속에 보배를 품다

내 말은 알기 쉽고 행하기도 매우 쉬운데도 천하에 능히 아는 사람이 없고 능히 행하는 자도 없다. 말에는 근본이 있고 일에는 중심이 있는데 무릇 이것을 알지 못해 나를 알지 못하고 나를 아는 사람이 드물고 나를 따르는 사람은 귀하다. 이 때문에 성인은 베옷을 걸치고 품속에 옥을 품고 있는 것이다.

吾言甚易知, 甚易行.
오언심이지 심이행

天下莫能知, 莫能行.
천하막능지 막능행

言有宗, 事有君.
언유종 사유군

夫唯無知, 是以不我知.
부유무지 시이불아지

知我者希, 則我者貴.
지아자희 즉아자귀

是以聖人被褐懷玉.
시이성인피갈회옥

_『도덕경 70장』

[역해]

· 종宗 : 근본, 근거

· 군君 : 중심, 주지

· 피被 : 옷을 걸쳐 입다

· 갈褐 : 거친 베옷

· 회懷 : 품다

· 옥玉 : 옥, 여기서는 도가의 사상적 주장을 뜻한다.

· 오언심이지吾言甚易知 : 내 말을 알기 매우 쉽다.

· 심이행甚易行 : 심히 행하기 쉽다.

· 천하막능지天下莫能知 : 천하에 능히 아는 자가 없다.

· 언유종言有宗 : 말에는 근본이 있다.

· 사유군事有君 : 일에는 중심이 있다.

· 부유무지夫唯無知 : 무릇 오직 아는 것이 없다.

· 시이불아지是以不我知 : 이 때문에 나를 알지 못한다.

· 지아자희知我者希 : 나를 아는 사람이 드물다.

· 즉아자귀則我者貴 : 나를 본받는 사람이 귀하다.

· 시이성인是以聖人 : 이 때문에 성인은

· 갈피회옥被褐懷玉 : 베옷을 걸치고 품에 옥을 품고 있다.

[요지]

이번 장에서 노자는 대도大道에 '상반'되는 세상사람들의 행위에 대해 깊은 회포를 토로하였다. 대도는 원래 이해하기 쉽고 쉽게 따를 수 있고 쉽게 실행할 수 있는 반면, 대도를 이해하려고 하지 않고 따르고 실행하려고 하지도 않는다고 주장했다.

장석지의 충언

한 문제漢文帝가 상림원의 호랑이를 보러 갔을 때 호랑이 우리 관리인의 유창한 언변이 마음에 들어 그를 상림원 책임자로 삼았다. 이를 알게 된 장석지가 한 문제에게 물었다.

"폐하께서는 강현의 제후 주발을 어떻게 보십니까?"

"지혜를 갖춘 자다."라고 한 문제가 대답하자 장석지가 다시 물었다.

"동양현 제후 장상여는 어떻게 생각하십니까?"

"그도 지혜로운 자다."

한 문제의 대답을 들은 장석지는 이렇게 말했다.

"이 두 현인은 말할 때마다 자주 말문이 막히고 더듬거리기까지 합니다. 말이 청산유수인 그 관리인과는 전혀 다르지요. 진나라 때 도필리(말단 관리) 선발 과정에서 인품보다 유창한 언변과 숙련된 일 처리만 중시하는 분위기가 팽배했습니다. 그런 분위기가 지속되자 2세 황제 때 이르러 천하가 분열되었지요. 지금 폐하께서 관리인의 재치있는 말솜씨에 이끌려 파격적인 인사를 단행한다면 앞으로 전 국민이 유창한 언변만 추구하고 성실히 일하지 않을 겁니다. 자고로 윗사람의 행동이 아랫사람의 행동을 좌우한다고 했습니다. 이는 윗사람의 행동은 일부러 널리 전하지 않아도 지대한 영향을 미친다는 말입니다. 폐하께서는 심사숙고하시기 바랍니다.”

한 문제는 장석지의 충언을 받아들여 그 일을 없던 일로 했다.

・・・

11 _알면서도 모른다고 한다

알면서도 모른다는 것이 최상이고 모르면서도 안다는 것은 병이다. 성인에게 병이 없는 것은 병을 병으로 알기 때문이다. 무릇 병을 병으로 알 때만 병이 안 된다.

知不知, 尙矣 : 不知知, 病也.
지부지 상의 부지지 병야
聖人不病, 以其病病.
성인불병 이기병병
夫唯病病, 是以不病.
부유병병 시이불병
_『도덕경 71장』

·상의尚矣 : 고상하다, 최상이다

·병病 : 우환

·지부지 상의知不知, 尚矣 : 알면서도 모른다는 것이 고상한 것이다.

·부지지不知知 : 모르면서도 안다고 한다.

·성인불병聖人不病 : 성인이 병을 모른다.

·이기병병以其病病 : 그 병을 병으로 한다.

·부유병병夫唯病病 : 무릇 오직 병을 병으로 한다.

·시이불병是以不病 : 이 때문에 병이 아니다.

[요지]

이번 장에서 노자는 인성人性의 약점 중 하나인 '모르면서도 아는 척하는' 병태를 지적하였다.

경전사례 ─────────────────────

시늉을 잘하는 사람

전국시대 제 선왕齊宣王은 특별히 생황 부는 소리를 듣는 것을 즐겨 매번 300명이나 한곳에 모아 생황을 연주하게 했다. 남곽 선생은 이 사실을 알자마자 제 선왕을 찾아가 자신이 생황 부는 고수이니 생황 악대에 넣어줄 것을 간청했다. 남곽 선생은 근본 상황을 볼 줄도 모르고 악대가 연주할 때면 악대 속에 앉아 생황 부는 시늉을 어찌나 잘하는지 사람들을 감동시켰다.

제 선왕이 죽자 제 민왕이 왕위를 계승했다. 제 민왕도 생황 연주 듣기를 즐겼지만 그는 악사들이 한 명씩 불게 했다. 남곽 선생은 더 이상 속일 수 없게 되자 야밤을 틈타 달아났다.

• • •

12 _유약한 것은 위에 놓인다

사람이 살아 있을 때는 부드럽고 약하지만 죽으면 뻣뻣이 굳는다. 초목도 살아 있을 때는 부드럽고 연하지만 죽으면 말라 딱딱해진다. 그러므로 뻣뻣하고 굳은 것은 죽음의 무리이고 부드럽고 약한 것은 삶의 무리다. 군대는 강하면 소멸하고 나무도 강하면 꺾인다. 강하고 큰 것은 아래에 있고 유약한 것은 위에 놓인다.

人之生也柔弱, 其死也堅強.
인지생야유약 기사야견강
萬物草木之生也柔脆, 其死也枯槁.
만물초목지생야유취 기사야고고

故堅強者死之徒, 柔弱者生之徒.

고견강자사지도 유약자생지도

是以兵強則不勝, 木強則折.

시이병강즉불승 목강즉절

強大處下, 柔弱處上.

강대처하 유약처상

_『도덕경 76장』

[역해]

·생生 : 생존하다, 살다

·고槁 : 메마르다

·도徒 : 유형, 무리

·병兵 : 군대, 무기

·인지생야유약人之生也柔弱 : 사람이 살아 있으면 부드럽고 약하다.

·초목지생야유취草木之生也柔脆 : 초목도 살아 있으면 연하다.

·기사야고고其死也枯槁 : 그것이 죽으면 말라 딱딱해진다.

·유약자생지도柔弱者生之徒 : 유약자는 삶의 무리다.

·시이병강즉불승是以兵強則不勝 : 군대가 강성하면 승리하지 못한다.

·목강즉절木強則折 : 나무도 강하면 꺾인다.

·강대처하強大處下 : 강하고 큰 것은 아래에 있다.

·유약처상柔弱處上 : 유약한 것은 위에 놓인다.

[요지]

이번 장에서 노자는 사람과 식물의 생사生死 상태로 유약함이 강건함을 이기는 도리를 설명하였다.

경 전 사 례

유약함이 강함을 이긴 전투

기원전 353년 손빈孫臏이 이끄는 제나라군이 계릉 전투에서 위위구조圍魏救趙의 계략으로 방연龐涓이 이끄는 강력한 위나라군을 이겼다. 10년 후 손빈은 또다시 기발한 계책을 냈다. 당시 제나라군 병력은 비교적 약했고 위나라군은 더 강했다. 그런 상태에서 손빈은 아궁이 수를 점점 줄여 뒤쫓는 적을 속이는 계책으로 도주하는 제나라 병사들이 줄고 있다고 착각하게 하고 했다. 그러고는 제나라 병사가 매복한 계곡으로 방연이 이끄는 위나라군을 유인해 약한 병력으로 강한 병력을 전멸시켰다. 이것이 바로 손빈의 유명한 마릉 전투馬陵戰鬪다.

13_물보다 약한 것은 없다

천하에 물보다 부드럽고 약한 것은 없지만 굳세고 강한 것을 공격하는 데는 이를 이길 것이 없는 것은 이 물을 대신할 것이 없기 때문이다. 약함이 강함을 이기고 부드러움이 단단함을 이긴다는 것을 천하에 모르는 사람이 없지만 이를 행하는 것이 없다. 이 때문에 성인이 말하길 나라의 더러움을 받아들이는 자를 천하의 왕이라고 이른다. 올바른 말은 반대로 들리는 듯하다.

天下莫柔弱於水, 而攻堅強者莫之能勝, 以其無以易之.
천하막유약어수 이공견강자막지능승 이기무이역지

弱之勝強, 柔之勝剛, 天下莫不知, 莫能行.
약지승강 유지승강 천하막부지 막능행

是以聖人云 : 受國之垢, 是謂社稷主 : 受國不祥, 是謂天下王.
시이성인운 수국지구 시위사직주 수국불상 시위천하왕

正言若反.
정언약반

_『도덕경 78장』

[역해]

·역易 : 대체하다, 교환하다

·구垢 : 치욕, 모욕, 더럽다

· 사직社稷 : 신(천하, 국가, 조정을 대신하는 신)

· 불상不祥 : 상서롭지 못함, 재난, 재화

· 천하막유약어수天下莫柔弱於水 : 천하에 물보다 유약한 것은 없다.

· 이공견강자막지능승而攻堅強者莫之能勝 : 굳세고 강한 것을 공격하는 데
는 이를 이길 자가 없다.

· 이기무이역지以其無以易之 : 이에 그것은 (물을) 대신할 것이 없다.

· 천하막부지天下莫不知 : 천하에 모르는 것이 없다.

· 막능행莫能行 : 능히 행하는 것이 없다.

· 시이성인운是以聖人云 : 이 때문에 성인이 말한다.

· 수국지구受國之垢 : 나라의 더러운 것을 받아들이다.

· 수국불상受國不祥 : 나라의 재난을 받아들이다.

· 시위천하왕是謂天下王 : 이를 천하의 왕이라고 이른다.

· 시위사직주是謂社稷主 : 이를 나라의 주인이라고 이른다.

· 정언반약正言若反 : 올바른 말이 반대로 들리는 듯하다.

[요지]

이번 장의 앞부분에서는 유약함이 강건함을 이긴다는 도리를 설명하였
고, 뒷부분에서는 한 명이 국가의 모든 어려움과 재난을 도맡아 감당할
수만 있다면 그는 국가의 지배자가 될 수 있음을 설명하였다.

유약한 것과 강건한 것

노자는 상종常樅 선생이 많이 노쇠해 병환으로 위중하다는 소식을 듣고 병문안을 갔다. 선생은 노자를 보자마자 입을 벌려 손가락으로 가리키며 물었다.

"내 혀가 아직 있느냐?"

노자는 선생의 병세가 이미 위독해 헛소리하는 것으로 생각했다.

"내 이가 있느냐?"

그때 상종 선생의 치아는 하나도 없었고 노자는 사실대로 말할 수밖에 없었다. 하지만 상종 선생은 다시 물었다.

"내가 무엇 때문에 묻는지 아느냐?"

그제야 노자는 스승의 뜻을 깨달았다.

혀는 유연해 오랫동안 존재하고 치아는 여물고 단단해 쉽게 빠져버리는 것이다. 세상 물정이 모두 그렇다.

하루는 한평자韓平子가 숙향叔向에게 물었다.

"강한 것과 유약한 것 중 어느 것에 힘이 더 있습니까?"

"노담(노자)이 말한 것처럼 유약한 물건은 단단한 물건보다 자유롭다. 사람도 살아 있을 때는 몸이 유연하지만 죽으면 말라 굳는다. 여러 초목도 살아 있을 때는 가지와 줄기가 유연하지만 죽으면 굳듯이 유약함은 생명의 특징이고 강건함은 죽음의 특징이다. 살아 있을 때는 파괴되어도 회복

될 수 있지만 죽으면 소생이 불가능하다. 그러므로 유약함은 단단함보다 견고하고 힘이 있다."

"그렇다면 사람은 어떤 원칙을 받아들입니까?"

"나도 유약한 원칙을 받아들이지."

"유약함은 취약해지지 않습니까?"

"유약한 것은 꺾이지 않고 닳지도 않는데 어찌 취약해진다고 하겠느냐? 하늘의 이치에 따르면 작고 약한 것은 점점 강해지고 결국 이긴다. 그래서 상대방과의 이익 쟁탈전이 벌어지면 결국 유약한 쪽이 이익을 쟁취하게 된다."

14 _베풀기만 하고 다투지 않는다

믿음직한 말은 꾸밀 필요가 없고 아름다운 말은 믿음직하지 못하다. 착한 사람은 궤변을 하지 않으며 궤변을 잘하는 사람은 착하지 않다. 아는 자는 박식하지 않고 박식한 자는 알지 못한다. 성인은 쌓아두지 않고 전부 남을 위함으로써 자신은 더 여유가 있고 다하여 남을 위함으로써 자신은 오히려 더 많아진다. 하늘의 도는 이롭게 하고 해롭게 하지 않으며 사람의 도는 위하고 다투지 않는다.

信言不美, 美言不信.
신언불미 미언불신

善者不辯, 辯者不善.
선자불변 변자불선

知者不博, 博者不知.
지자불박 박자부지

聖人不積, 既以爲人己愈有, 既以與人己愈多.
성인부적 기이위인기유유 기이여인기유다

天之道, 利而不害 : 聖人之道, 爲而不爭.
천지도 이이불해 성인지도 위이부쟁

_「도덕경 81장」

[역해]

· 신언信言 : 믿음직한 말, 진실한 말

· 변辯 : 말을 잘하다, 궤변

· 적積 : 쌓아두다, 보류하다

· 기旣 : 전부, 다하다

· 여與 : 베풀어주다

· 신언불미信言不美 : 믿음직한 말은 좋게 들리지 않는다.

· 선자불변善者不辯 : 착한 사람은 달변이 아니다.

· 지자불박知者不博 : 아는 자는 박식하지 않다.

· 성인부적聖人不積 : 성인은 쌓아두지 않는다.

· 기이위인기유유旣以爲人己愈有 : 전부 남을 위함으로써 자신은 더 여유가 있다.

· 기이여인기유다旣以與人己愈多 : 다하여 남을 위함으로써 자신은 더 많아 진다.

· 이이불해利而不害 : 이로울 뿐 해롭지 않다.

· 위이부쟁爲而不爭 : 위하기만 하고 다투지 않는다.

[요지]

이번 장에서 노자는 먼저 '말言'과 '알다知'를 설명하였고, 뒷부분에서는 하늘의 도는 오직 이롭게 하고 해롭게 하지 않는다는 법칙을 설명하였다.

아첨을 거절한 왕안석

송나라 때 왕안석王安石은 변법變法을 주장해 송 신종의 두터운 신임을 받았다. 벼슬이 높아지고 부자가 되기 위해 왕안석 앞에서 온갖 수단으로 아첨하는 사람도 있었지만 왕안석은 좀처럼 움직이지 않았다.

하루는 곽상정이라는 관원이 송 신종에게 상소를 올려 왕안석을 크게 칭송하고 천하 대사를 왕안석 말대로 처리해줄 것을 간청했다. 송 신종은 곽상정의 상소를 보고 매우 놀라 왕안석을 불러 곽상정을 아는지 물었다.

"제가 강동에 있을 때 그를 알았습니다. 그는 상대방의 말과 안색을 살펴보고 일을 헤아리기를 즐기며 그의 행동은 경박하므로 중용하면 절대로 안 됩니다."

당시 공적이 있던 곽상정은 벼슬을 하게 되었는데 왕안석의 말을 듣고는 급히 관직을 버리고 집으로 돌아갔다.

治國論

제3편 치국론

01 _무위로 세상일을 처리한다

모두 아름다운 것을 아름답다고 여기므로 추한 것이 생기고 모두 선한 것을 선하다고 여기므로 선하지 않은 것이 생긴다. 그러므로 있음도 없음이 있어서 생기고 어려움도 쉬움이 있어서 만들어지고 긴 것도 짧은 것이 있어서 비교되고 음과 소리도 서로 어울리고 앞뒤도 서로 이어진다. 이 때문에 성인은 무위로 세상일을 처리하고 말 없는 가르침을 행하며 만물을 만들지만 상관하지 않고 성장하게 하지만 소유하지 않으며 기르고도 자랑하지 않고 공을 이루고도 높은 자리에 머물지 않는다. 오직 높은 자리에 머물지 않기 때문에 성인의 공은 영원히 소멸하지 않는다.

天下皆知美之爲美, 斯惡已:
천하개지미지위미 사악이

皆知善之爲善, 斯不善已.
개지선지위선 사불선이

故有無相生, 難易相成, 長短相較, 高下相傾, 音聲相和, 前後相隨.
고유무상생 난이상성 장단상교 고하상경 음성상화 전후상수

是以聖人處無爲之事, 行不言之教, 萬物作焉而不辭.
시이성인처무위지사 행불언지교 만물작언이불사

生而不有, 爲而不恃, 功成而弗居.
생이불유 위이불시 공성이불거

夫唯弗居, 是以不去.

부유불거 시이불거

_「도덕경 2장」

[역해]

· 사斯 : 곧, 즉

· 악惡 : 악하다, 추하다

· 불弗 : 아니다

· 불시不恃 : 자신의 능력을 자랑하지 않는다.

· 불거不去 : 사라지지 않는다.

· 천하개지미지위미天下皆知美之為美 : 천하의 모든 사람이 아름다움은 항 상 아름답다고 알고 있다.

· 사악이斯惡已 : 그런 아름다움은 추한 것일 뿐이다.

· 개지선지위선皆知善之為善 : 세상 모든 사람이 선은 항상 아름답다고 알 고 있다.

· 사불선이斯不善已 : 그런 선은 불선일 뿐이다.

· 고유무상생故有無相生 : 그러므로 유有와 무無가 서로 낳는다.

· 난이상생難易相生 : 어려움과 쉬움이 서로 이루어진다.

· 장단상교長短相較 : 긴 것과 짧은 것이 있어서 서로 비교된다.

· 고하상경高下相傾 : 높은 것과 낮은 것이 있어서 경사를 이룬다.

· 음성상화音聲相和 : 음과 소리가 서로 어울린다.

· 전후상수前後相隨 : 앞뒤도 서로 이어진다.

· 시이성인처무위지사是以聖人處無為之事 : 이 때문에 성인은 무위로 세상일

을 처리한다.

· 행불언지교行不言之教 : 말 없는 가르침을 행한다.

· 만물작언이불사萬物作焉而不辭 : 만물을 만들지만 상관하지 않는다.

· 생이불유生而不有 : 낳아 길러주되 소유하지 않는다.

· 위이불시爲而不恃 : 돕고 위하되 대가를 바라지 않는다.

· 공성이불거功成而弗居 : 공을 이루고도 공로를 자처하지 않는다.

· 부유불거夫唯弗居 : 대저 오직 머물지 않는다.

· 시이불거是以不去 : 이 때문에 떠나지 않는다.

[요지]

이번 장에서는 주요하게 '도'의 속성을 논술하였다. 천하의 모든 만물은 표면상으로 진眞, 선善, 미美, 가假, 악惡, 추醜 2개의 대립적인 면으로 나눌 수 있다.

경전사례

사약을 받은 양목

당나라 의종은 국사를 팽개친 채 사치스럽고 방탕한 생활로 일관해 나라의 기강은 점점 문란해지고 조정 대신들도 온갖 부정부패를 일삼았다. 당시 간신이던 양목은 자신의 사리사욕을 채우기 위해 물불을 가리지 않았다. 먼 친척인 양현계에게 아첨해 재상의 자리까지 올라 많은 재물을 거두어 들이고 심지어 그의 집사까지 양목의 권세를 등에 업고 남의 물건을 약탈하고 호화생활을 했다.

양목의 딸이 승상인 배탄의 아들에게 시집을 가게 되었다. 양목은 딸을 화려하게 치장시키고 옥과 코뿔소 뿔로 장식한 진귀한 물건들을 혼수품으로 보냈다. 그러나 배탄은 청렴한 관리로 엄격히 법을 지키며 부정부패를 일삼는 탐관오리들과는 어울리지 않는 강직한 인물이었다. 그는 뛰어난 예측력의 안목, 고결한 인품과 절개를 지닌 관리였다. 그는 며느리댁에서 보낸 호화롭고 사치스러운 혼수품을 보고 반가워하기는커녕 화를 내며 "훗날 우리 집을 망칠 물건들이다."라고 화를 내며 혼수품들을 미련 없이 불살랐다. 멈출 줄 모르고 부정부패를 일삼던 양목은 그로부터 얼마 안 지나 뇌물수수가 발각되어 좌천되었고 이후 다시 멀리 귀양 가는 길에 사약을 받고 죽었다.

02_성인의 다스림

현명함을 받들지 않으면 백성들이 다투는 일이 사라지고 얻기 힘든 재물을 귀하게 여기지 않으면 백성들이 도둑질하는 일이 사라지고 욕심을 보여주지 않으면 백성들의 마음은 어지럽지 않다. 따라서 성인의 다스림은 그 마음에 욕심이 없게 하고 그 배를 든든히 해주고 그 뜻을 약하게 하고 그 뼈를 튼튼히 하고 백성들이 항상 무지무욕하게 해 지혜로운 자가 감히 못하게 한다. 무위의 다스림으로 다스리지 못할 일은 없다.

不尚賢, 使民不爭.
불상현 사민부쟁

不貴難得之貨, 使民不爲盜 : 不見可欲, 使民心不亂.
불귀난득지화 사민불위도 불견가욕 사민심불란

是以聖人之治, 虛其心, 實其腹, 弱其志, 强其骨.
시이성인지치 허기심 실기복 약기지 강기골

常使民無知無欲, 使夫知者不敢爲也.
상사민무지무욕 사부지자불감위야

爲無爲, 則無不治.
위무위 즉무불치

_「도덕경 3장」

· 상尙 : 숭상하다, 존중하다, 받들다

· 현賢 : 재능과 덕행이 있는 자

· 위무위爲無爲 : 무위의 정치를 집행하다. 앞의 '위爲'는 '집행하다'라는 뜻
  이다.

· 골骨 : 여기서는 '백성들을 건강하게 하다'라는 뜻이다.

· 불상현 사민부쟁不尙賢, 使民不爭 : 현명함을 받들지 않으면 백성들이 다
  투는 일이 사라진다.

· 불귀난득지화 사민불위도不貴難得之貨, 使民不爲盜 : 얻기 힘든 재물을 귀
  하게 여기지 않으면 백성들이 도둑질하는 일이 사라진다.

· 불견가욕 사민심불란不見可欲, 使民心不亂 : 욕심을 보여주지 않으면 백성
  들의 마음이 어지럽지 않다.

· 허기심 실기복虛其心, 實其腹 : 백성들의 마음을 비우고 배를 채운다.

· 약기지 강기골弱其志, 強其骨 : 뜻을 약하게 하고 뼈를 강하게 한다.

· 상사민무지무욕常使民無知無欲 : 항상 백성들이 무지무욕하게 하다.

· 사부지자불감위야使夫知者不敢爲也 : 지혜로운 자가 감히 못하게 하다.

· 위무위 즉무불치爲無爲, 則無不治 : 무위의 다스림으로 다스리지 못할 일
  은 없다.

[요지]

이번 장에서 노자는 무위의 다스림을 구체적으로 논술하고 자신의 의
견을 피력하였다.

무위의 다스림

동한시대 신채현에 오 씨라는 사람이 현령으로 부임해왔다. 오 씨가 현령으로 오자 신채현의 많은 사람이 백성을 다스리는 책략들을 그에게 내놓았다. 오 현령은 백성들의 말을 듣고 이렇게 말했다.

"지금 신채현을 다스리는 데 가장 큰 문제점은 무엇인가? 혹시 자신을 과시하기 위해 많은 법령을 만들어 백성들을 괴롭히진 않는가?"

오 현령은 그릇된 법령을 고치거나 폐지한 후 말했다.

"어떤 일이든 여러 사람의 의견을 따를 것이고 무릇 그것이 옳다고 여겨지면 자신의 방식대로 할 것이며 곤란에 부딪히면 언제든 나를 찾아오도록 하라."

그날 이후 오 현령은 백성들의 생활에 간섭하지 않았고 아랫사람들에게도 백성을 괴롭히는 일들을 엄금하였다. 또한, 오 현령은 시간이 날 때는 독서와 글쓰기로 편안하게 보냈다. 그 후 누군가가 오 현령이 정사에는 전혀 관심이 없고 한가하게 태평한 세월을 보낸다고 고발하였다. 이에 감독 관청은 오 현령을 불러 그 책임을 물었다.

"부임 후 오 현령은 업무에 태만할 뿐만 아니라 제멋대로 시간을 보낸다는데 과연 현령으로서 할 일인가?"

"신채현이 오랫동안 변화가 없었던 것은 이전 현령들이 너무 많은 법령을 내려 백성들을 지나치게 속박했기 때문입니다. 제가 알기로 백성을 다스릴 때는 올바로 인도하고 적당하게 휴식하며 일하게 하는 것이 최선입니다. 1년 후 신채현의 변화를 보실 겁니다.”

1년 후 감독관청의 관리는 신채현을 순찰하면서 과연 많은 변화를 목격하였다. 생산성이 크게 증대되고 민심이 안정되고 치안도 잘 유지되었다. 이에 관리는 오 현령에게 말했다.

“옛사람들이 말한 ‘무위의 다스림’을 오늘에야 깨달았소. 정말 미안하게 됐구려!”

* * *

03_말이 많으면 궁해진다

천지는 어질지 않으니 만물을 추구로 삼고 성인도 어질지 않으니 백성들을 추구로 삼는다. 하늘과 땅 사이는 풀무와 같아 비어 있지만 다함이 없고 움직일수록 더 많은 것이 나온다. 말이 많으면 궁해지니 조용히 지키고 있는 것만 못하다.

天地不仁, 以萬物為芻狗 : 聖人不仁, 以百姓為芻狗.
천지불인 이만물위추구 성인불인 이백성위추구
天地之間, 其猶橐籥乎.
천지지간 기유탁약호

虛而不屈, 動而愈出.

허이불굴 동이유출

多言數窮, 不如守中.

다언수궁 불여수중

_「도덕경 5장」

[역해]

· 추구芻狗 : 짚으로 만든 강아지. 중국에서는 짚으로 만든 강아지를 제사 상에 제물로 올린다. 제사를 지낸 후 버려지므로 '하찮은 것'을 뜻한다.

· 유猶 : 마치 ~와 같다

· 탁약橐籥 : 대장간에서 사용하는 풀무

· 유출愈出 : ~할수록 더 많이 나오다

· 수궁數窮 : 자주 막히다

· 중中 : 여기서는 '적당하다'라는 뜻으로 쓰였다.

· 천지불인天地不仁 : 천지는 어질지 않다.

· 이만물위추구以萬物爲芻狗 : 만물을 추구로 삼는다(한다).

· 천지지간 기유탁약호天地之間, 其猶橐籥乎 : 하늘과 땅 사이는 풀무와 같 아 비어 있다.

· 허이불굴虛而不屈 : 비어 있지만 굽히지 않는다.

· 동이유출動而愈出 : 움직일수록 더 많이 나온다.

· 다언수궁多言數窮 : 말이 많으면 궁해진다.

· 불여수중不如守中 : 지키고 있는 것만 못하다.

[요지]

이번 장에서 노자는 "천지도 어질지 못하고 성인도 어질지 못하다"라고 말하면서 차라리 "지나침이나 부족함 없이 지키는 것이 좋다"라는 사상을 주장하였다.

경전사례

정에 끌리지 않은 친구

당나라의 배광덕이 관리로 있을 때의 일이다. 하루는 관직이 별로 낮지 않은 옛친구가 멀리서 그를 찾아왔다. 배광덕은 그를 성심성의껏 접대하고 무척 친절히 이야기를 나누었다. 그러자 옛친구는 배광덕에게 이렇게 말했다.

"경성은 정말 좋구나! 옛친구도 있어 정말 경성을 떠나고 싶지 않으니 나를 도와 판사직 하나를 구해주오."

그러자 배광덕은 이렇게 대답했다.

"친구는 분명히 유능한 사람인데 이 직무는 친구에게 적합하지 않네. 그리고 옛친구의 정 때문에 조정의 제도를 어길 수는 없구려. 미안하오. 이후 어떤 재상이 친구를 동정해 이 관직을 줄 수는 있더라도 내가 재임하는 기간에는 절대로 그럴 수 없으니 이해해주기 바라오."

04_원래 우리는 이렇다

가장 훌륭한 임금은 백성들이 그가 있다는 것만 알고 그 다음가는 임금은 백성들이 그를 가까이하며 칭송하고 그 다음가는 임금은 백성들이 그를 두려워하고 그 다음가는 임금은 백성들이 그를 업신여긴다. 임금에게 신의가 없으면 백성은 그 임금을 불신한다. 유유하며 그 말을 귀하게 여긴다. 공을 세우거나 일이 잘되어도 백성들은 스스로 이렇게 말한다. "원래 우리는 이렇다."

太上, 下知有之:

태상 하지유지

其次, 親而譽之.

기차 친이예지

其次, 畏之.

기차 외지

其次, 侮之.

기차 모지

信不足焉, 有不信焉.

신부족언 유불신언

悠兮其貴言.

유혜기귀언

功成事遂, 百姓皆謂 '我自然'.

공성사수 백성개위 '아자연'

_『도덕경 17장』

[역해]

· 태상太上 : 가장 훌륭한 임금(통치자)

· 하下 : 아랫사람(백성들)

· 예譽 : 자랑스러운

· 모侮 : 업신여기다

· 귀언貴言 : 말을 귀하게 여기다

· 수遂 : 성공하다, 완성하다

· 하지유지下知有之 : 아랫사람은 그가 있다는 것만 안다.

· 기차其次 : 그 다음

· 신부족언信不足焉 : 믿음이 부족하다.

· 유불신언有不信焉 : 이에 불신이 있다.

· 유혜기귀언悠兮其貴言 : 유유하며 그 말을 귀하게 여기다.

· 공성사수功成事遂 : 공이 이루어지고 일이 다 되다.

· 백성개위百姓皆謂 : 백성들 스스로 말하다.

· 아자연我自然 : 원래 우리는 이렇다.

[요지]

이번 장에서 노자는 통치자가 나라를 다스리는 문제를 논하였다. 노자는 주요하게 통치자가 반드시 무위로 나라를 다스리는 경지에 이르러야

국태민안國泰民安을 실현할 수 있다고 주장하였다.

신의

회사를 경영하는 젊은 장 씨는 급전이 필요했지만 은행 대출을 받을 수 없어 부득이 친구 왕걸에게 돈을 빌려줄 것을 부탁했다. 그러자 친구 왕걸은 두말없이 40만 위안을 빌려주었고 장 씨는 연말에 꼭 갚겠다고 약속했다.

정작 연말이 되었지만 장 씨 회사는 여전히 자금 사정이 어려웠다. 친구에게서 빌린 돈을 갚기 위해 자금을 끌어모았지만 20만 위안에 불과하자 그의 아내는 왕걸에게 사정을 말하고 두 달 후 나머지 20만 위안을 갚겠다고 말할 것을 제안하였다. 하지만 장 씨는 한 번 약속한 것은 반드시 지켜야 한다며 무슨 일이 있더라도 그 돈만은 갚아야 한다고 말했고 자신의 집을 30만 위안이라는 헐값에 팔아 약속을 지켰다.

그 후 왕걸이 친구 장 씨를 만나기 위해 그의 집으로 전화하자 낯선 사람이 받았다. 왕걸은 그제야 전후 사정을 알게 되었고 낡은 공동주택에 입주해 사는 친구를 찾아갔다. 왕걸은 장 씨를 보자마자 와락 끌어안고 그의 등을 토닥이며 말했다.

"자네는 정말 의리와 신용이 있는 친구일세! 또다시 곤란한 일이 생기면 주저하지 말고 말하게나."

이후 장 씨 회사의 자금 사정은 점점 좋아졌다. 그런데 한창 사업이 무르익어 갈 무렵 투자 실패로 또다시 큰 빚을 지게 되었다. 크게 낙심한 장 씨는 이제는 재기할 수 없음을 절감했다. 바로 그때 친구 왕걸이 40만 위안짜리 수표를 가져와 친구의 손에 쥐여주었다. 장 씨는 떨리는 손으로 그 수표를 받고 눈물을 흘리며 2년 후 반드시 그 돈을 갚겠다고 약속했다. 그러자 왕걸은 친구의 손을 꼭 잡고 "나는 자네를 믿네"라며 위로해주는 것을 잊지 않았다.

노력은 뜻 있는 사람을 저버리지 않는다고 했듯이 과연 장 씨는 과거의 실패 경험을 거울삼았기에 사업이 번창해 빚도 제때 갚게 되었다. 장 씨가 실의와 절망에서 다시 일어서게 해준 것은 바로 신용이었다. 신용 덕분에 친구의 신임을 얻었고 역경 속에서도 재기할 수 있었다.

05_욕심을 줄여라

총명을 끊고 지혜를 버리면 백성의 이익이 백 배나 되고 어짊을 끊고 의로움을 버리면 백성들이 효도와 자애로 돌아가며 기교를 끊고 이로움을 버리면 도둑이 사라질 것이다. 이 3가지는 문명으로 백성을 다스리거나 교화하기에 부족하므로 귀속하는 바가 있게 하니 바탕을 나타내고 소박함을 껴안고 사심을 적게 하고 학문을 포기하면 우환이 사라진다.

絕聖棄智, 民利百倍:
절성기지 민리백배

絕仁棄義, 民復孝慈:
절인기의 민복효자

絕巧棄利, 盜賊無有:
절교기리 도적무유

此三者以爲文不足.
차삼자이위문부족

故令有所屬, 見素抱樸, 少私寡欲, 絕學無憂.
고령유소속 견소포박 소사과욕 절학무우

_「도덕경 19장」

[역해]

·성지聖智 : 여기서는 모두 '총명하다'라는 뜻으로 쓰였다.

·교교巧巧 : 기교

·기리棄利 : 이익을 포기하다

·견견見見 : '드러내 보이다'라는 뜻으로 쓰였다.

·포포抱抱 : 품속, 마음속으로 견수하다

·절학絶學 : 선현들의 학문(예법)을 버린다는 뜻이다.

·박樸 : 자연 그대로의 모습

·절인기의絶仁棄義 : 인을 끊고 의를 버리다

·절교기리絶巧棄利 : 기교를 끊고 이익을 포기하다

·차삼자이위문부족此三者以爲文不足 : 성지, 인의, 교리 이 세 가지는 모두 꾸미는 것이므로 다스리기에 충분하지 않다.

·고령유소속故令有所屬 : 그러므로 돌아갈 곳이 있어야 한다.

·견소포박見素抱樸 : 수수함을 드러내고 질박함을 품다.

·소사과욕少私寡欲 : 사심을 적게 하고 욕심을 줄이다.

·절학무우絶學無憂 : 학문(성현의 예법)을 포기해야 우환이 사라진다.

[요지]

이번 장에서 노자는 사회적 병폐를 드러내고 그것을 다스릴 구체적인 방안을 제시하였다.

탐욕의 끝

후당 시대 황제 이존욱은 나라와 백성을 위한다는 명목하에 선후로 후량 등의 나라를 침범해 속국으로 만들었다. 서서히 천하가 안정되자 황제 이존욱은 정사는 돌보지 않은 채 온종일 주색에만 빠졌고 황후 유옥랑은 황제가 정사에 무심한 틈을 타 국고의 금은보화를 착복해 재물을 탐닉했을 뿐만 아니라 자신의 친인척을 도처에 관리로 임명해 그들의 악행은 날이 갈수록 심해지고 백성들의 원성은 하늘을 찔렀다.

하루는 한 재상이 황제에게 황후의 일을 진언하자 황제는 "황후가 사처에서 패물과 돈을 모은 것은 백성을 구휼하기 위한 것이니 백성들은 황후의 은덕에 감지덕지해야 할 것이다."라며 황후를 변호하였다. 하루는 재상이 국고의 돈과 양식으로 백성들을 구제할 것을 주장하자 황후는 극구 반대하였다.

"황제는 주색에 빠져 국사에는 전혀 관심이 없고 황후는 재물에만 눈독을 들이니 어찌 나라를 다스릴 수 있겠는가?"라며 재상은 더이상 국사에 관여하지 않기로 했고 조정은 더 큰 혼란에 빠져들었다.

얼마 안 가 대장 이사원이 병사를 모아 반란을 일으켰다. 황제는 병사를 이끌고 난을 평정하려고 했지만 병사들은 모두 반란군에게 투항했고 황제를 위해 싸우려고 하지 않았다. 그러자 황제는 "나는 너희를 통솔해 천하를 다스리고 있다. 결코 나 개인을 위한 것이 아니다. 이번 반란을 진압한 후 너희에게 두둑한 상을 내리겠다."라고 병사들을 설득했지만 아무도 그의 말을 듣지 않았다. 오히려 병사들은 더 분개해 황제를 화살로 쏘아 죽였다. 황후도 절간으로 숨어들었지만 곧 병사들에게 붙잡혀 교살형에 처해졌다.

• • •

06_말이 드물면 자연이다

말이 드물면 자연이다. 그러므로 회오리는 아침 내내 불지 않고 소나기도 온종일 내리지 않는다. 누가 그렇게 하는 것일까? 천지다. 천지조차 오래 할 수 없는데 하물며 사람은 어떤가? 도를 따르고 섬기는 사람은 도와함께 하고 덕을 따르는 사람은 덕과 함께 하고 덕이 아닌 것을 따르는 사람은 덕이 아닌 것과 함께 하고 도와 함께 하는 사람은 그것을 얻은 것을 기뻐하고 덕과 함께 하는 사람은 그것을 얻은 것을 즐거워하며 도와 덕이 아닌 것과 함께 하는 사람은 도와 덕이 아닌 것을 얻은 것을 즐거워한다. 신뢰가 부족하면 신뢰가 없는 일이 발생한다.

希言自然.
희언자연
故飄風不終朝, 驟雨不終日.

고표풍부종조 취우부종일

孰爲此者, 天地.

숙이차자 천지

天地尙不能久, 而況於人乎.

천지상불능구 이황어인호

故從事於道者, 同於道:

고종사우도자 동어도

德者, 同於德:

덕자 동어덕

失者, 同於失.

실자 동어실

同於道者, 道亦樂得之:

동어도자 도역낙득지

同於德者, 德亦樂得之:

동어덕자 덕역낙득지

同於失者, 失亦樂得之.

동우실자 실역낙득지

信不足焉, 有不信焉.

신부족언 유불신언

_『도덕경 23장』

· 희언希言 : 본뜻은 '말이 적다, 드물다'로 여기서는 '호령을 적게 하다'라 는 뜻으로 쓰였다.

· 종사從事 : 찾다, 탐구하다

· 실失 : 잃다

· 표풍飄風 : 회오리바람

· 취우驟雨 : 소나기

· 숙이차자孰爲此者 : 누가 그렇게 하는 것인가?

· 천지상불능구天地尚不能久 : 천지는 오래 할 수 없다.

· 종사어도자從事於道者 : 도를 따르는 자

· 동우도자 도역낙득지同於道者, 道亦樂得之 : 도와 함께 하는 자는 도를 얻 은 것을 즐거워한다.

· 신부족언信不足焉 : 신뢰가 부족하다.

· 유불신언有不信焉 : 불신이 있다.

[요지]

이번 장에서 노자는 말을 적게 하면 자연에 맞다는 논점으로부터 한 명 의 수양과 행동방식이 자연의 도에 대한 이해도에 따라 자연의 도도 그에 맞게 보답한다는 중요한 사상을 주장하였다.

성숙한 모습

당나라 때 적인걸은 예주 자사를 지냈는데 모든 업무를 공평무사하게 처리해 지역 백성들의 칭송을 받았다. 무측천은 그 능력을 인정해 적인걸을 재상으로 승진시켰다. 하루는 무측천이 적인걸을 불렀다.

"그대는 예주에 있을 때 백성들의 칭송이 자자했소. 그런데 그런 그대의 잘못을 상주한 자가 있었다는데 그게 누군지 알고 싶지 않소?"

"만약 다른 사람이 제 잘못을 정확히 집어냈다면 반드시 고쳐야겠지만 그가 상주한 내용이 폐하가 보시기에 제 잘못이 아니라면 다행으로 생각하겠습니다. 뒤에서 누가 제 허물을 말하는지 알 필요가 없습니다."

적인걸의 말을 들은 무측천은 과연 도량이 넓은 인물로 생각하였다.

적인걸이 재상이 되기 전 누사덕이라는 장군이 무측천에게 적인걸을 적극 추천했지만 적인걸은 그 사실을 전혀 모르고 있었다. 하루는 무측천이 적인걸에게 일부러 이렇게 물었다.

"그대가 보기에 누사덕은 어떤 사람 같소?"

"제가 보기에 누사덕은 꼼꼼해 변방을 잘 수비하는 것 같지만 그가 재능 있는 사람인지는 잘 모르겠습니다."

"누사덕은 인재를 보는 눈이 있다고 생각하오?"

"저는 누사덕과 함께 일한 적이 있지만 그에게 인재를 보는 눈이 있다는 말은 듣지 못했습니다."

적인걸의 말을 들은 무측천은 웃으며 말했다.

"내가 그대를 등용한 것은 바로 누사덕의 추천 때문이었소."

무측천의 말을 들은 적인걸은 놀라는 한편 큰 감동을 받았다. 그 후 적인걸은 인재를 발굴하기 위해 노력하였다.

하루는 무측천이 적인걸에게 물었다.

"인재를 새로 등용하고 싶은데 누가 좋겠소?"

"폐하께서는 어떤 인재를 원하십니까?"

"바로 재상이 될 만한 인재를 찾고 있소."

당시 형주에 장간지라는 관료가 있었는데 나이는 많지만 공무를 잘 처리하였다. 적인걸은 장간지를 재상감으로 여기고 추천하였다. 무측천은 장간지에게 낙양 사마의 소임을 맡겼다. 얼마 후 적인걸이 입궁하자 무측천이 이번에도 인재 추천을 부탁했고 이에 적인걸이 대답했다.

"제가 이미 장간지를 추천했지만 폐하께서는 등용하지 않으셨습니다."

"내가 이미 그를 등용하지 않았소?"

"저는 폐하께 재상 재목을 추천한 것이지 사마의 재목을 추천한 것이 아니었습니다."

그제야 무측천은 장간지를 시랑으로 승진시킨 후 재상으로 삼았다.

이후에도 적인걸은 10여 명의 인재를 추천했는데 모두 조정의 대소 신료가 되었다. 그래서 누군가는 농담 반 진담 반으로 "천하의 모든 인재는 적인걸의 문하에서 나왔네."라고 말했다. 하지만 적인걸은 "모두 나라를 위해 추천했을 뿐 제 사익을 위해 한 것이 아닙니다."라며 겸손히 말했다.

무측천은 나이가 많은 적인걸을 존중해 '국로國老'라고 불렀다. 적인걸은 나이가 들어 조정에서 물러날 것을 여러 번 청했지만 무측천이 수락하지 않았다. 결국 적인걸이 93세의 나이로 세상을 떠나자 무측천은 "하늘이 어찌 이렇게 빨리 내 국로를 빼앗아갔는가!"라며 탄식하였다.

· · ·

07 _사람을 구제하고 버리지 않는다

잘 가는 사람은 흔적이 없고 잘하는 말에는 허물이 없으며 셈을 잘하는 사람에게는 계산기가 필요 없고 잘 닫힌 문은 빗장으로 잠그지 않아도 열리지 않으며 잘 맺은 매듭은 졸라매지 않아도 풀리지 않는다. 성인은 늘 사람을 잘 구제하고 사람을 버리지 않으며 물건을 아끼고 버리는 일이 없다. 이것을 밝음을 터득했다고 한다. 선한 사람은 선하지 못한 사람의 스승이고 선하지 못한 사람은 선한 사람의 거울이다. 스승을 소중히 여기지 않고 그 바탕을 사랑하지 않으면 지혜로워도 미혹된 사람이다. 이것이 바로 신비한 도의 진리다.

善行無轍迹 : 善言無瑕讁 :
선행무철적 선언무하적
善數不用籌策 : 善閉無關楗而不可開 : 善結無繩約而不可解.
선수불용주책 선폐무관건이불가개 선결무승약이불가해

是以聖人常善救人, 故無棄人:

시이성인상선구인 고무기인

常善救物, 故無棄物.

상선구물 고무기물

是謂襲明.

시위습명

故善人者, 不善人之師:

고선인자 불선인지사

不善人者, 善人之資.

불선인자 선인지자

不貴其師, 不愛其資, 雖智大迷, 是謂要妙.

불귀기사 불애기자 수지대미 시위요묘

_『도덕경 27장』

[역해]

· 철적轍迹 : 바퀴자국

· 하적瑕謫 : 옥의 티, 허물

· 주책籌策 : 오늘날의 주산. 옛날 참대로 만든 계산 도구

· 습명襲明 : 밝은 지혜

· 자資 : 밑천, 도움이 되는 '거울'

· 요묘要妙 : 중요한 묘법. 여기서는 '자연의 도'를 말한다.

· 선폐무관건善閉無關楗 : 잘 닫힌 문은 빗장으로 잠그지 않았다.

· 이불가개而不可開 : 열지 못하다.

· 고무기인故無棄人 : 사람을 버리지 않다.

· 시위습명是謂襲明 : 이것을 밝음을 터득했다고 한다.

· 불선인지사不善人之師 : 선하지 않은 사람의 스승

· 선인지자善人之資 : 선한 사람의 거울

· 불애기자不愛其資 : 그 바탕을 사랑하지 않다.

· 수지대미雖智大迷 : 지혜로워도 크게 미혹되다.

· 시위요묘是謂要妙 : 이것이 신비한 자연의 도다.

[요지]

이번 장에서 노자는 완미한 '선善'을 논술하였다. '선행善行', '선언善言', '선수善數', '선폐善閉', '선결善結' 이 다섯 가지 '선善'은 바로 노자 지혜의 반영이자 노자의 자연무위 사상의 구체적인 반영이다.

경 전 사 례

식객의 재주

제나라 맹상군은 신분의 귀천을 가리지 않고 자신의 식객으로 받아들여 식객이 무려 3천여 명에 달하였다. 하루는 제나라 위왕이 맹상군에게 식객을 거느리고 진나라에 사신으로 가게 했다. 진나라 소왕이 맹상군을 만나자마자 그를 진나라 재상으로 임명하려고 하자 한 간신이 이렇게 말했다.

"맹상군은 제나라 왕족이므로 그를 진나라 재상으로 임용하면 진을 위해 일하지 않고 제를 위해 일할 겁니다. 그렇다고 맹상군을 돌려보내면 훗날 화근이 될지 모르니 죽여버리는 것이 낫습니다."

그래서 진나라 소왕은 맹상군을 연금했다. 뜻밖의 봉변을 당한 맹상군이 진나라 소왕의 애첩 행희에게 석방을 부탁하자 "나는 진나라 소왕에게 선물할 백호구가 필요해요. 그것을 주면 기꺼이 노력해 볼게요."라고 대답했다. 백호구는 여우 겨드랑이 흰 털로 만든 옷으로 여우 천 마리를 잡아야 겨우 한 벌을 만들 수 있는 진귀한 옷이었다.

"백호구가 있어야 제나라로 돌아갈 수 있을 텐데 이를 어쩌면 좋겠소?"

맹상군이 식객들에게 하소연하자 한 식객이 대답했다.

"제가 백호구를 구해오겠습니다."

그는 개 짖는 소리를 잘 내고 도둑질을 잘했지만 맹상군은 그를 빈객으로 깍듯이 대접했다. 하지만 많은 식객은 그런 천한 사람과 함께 있는 것을 싫어했다. 어쨌든 그날 그는 진나라 소왕의 궁궐로 들어가 백호구를 훔쳐왔다. 그가 궁궐 담장을 넘을 때 순찰병들이 기척을 듣고 소리를 지르자 그는 개 짖는 소리로 위기를 모면했다.

맹상군은 그 백호구를 행희에게 바쳤다. 과연 행희의 말대로 맹상군은 석방되었다. 맹상군은 식객들을 이끌고 그날 밤 달아나 함곡관에 이르렀지만 함곡관 성문은 굳게 닫혀 있었다. 진나라 군사들이 추격해오면 꼼짝없이 잡힐 수밖에 없었다. 그때 식객 중에서 '꼬끼오!' 닭 우는 소리가 나자 주위 마을 집의 닭들도 따라 울어댔다. 그러자 함곡관을 지키던 병사들은 굳게 닫혔던 성문을 열었다. 첫닭 울음소리에 성문을 여는 진나라

규정 때문이었다. 이윽고 맹상군은 식객을 이끌고 함곡관을 빠져나와 제나라에 이르렀다.

"제 식객 중 여러 재주를 가진 분들 덕분에 무사히 귀국할 수 있었소!"

맹상군은 개 짖는 소리와 닭 울음소리를 잘 내는 사람에게 후한 사례를 하였다.

...

08_사치와 과분함을 버리다

천하를 차지하기 위해 욕심 부리지만 나는 그것이 불가능하다고 본다. 천하는 신비한 그릇이므로 그렇게 할 수 없고 그렇게 잡을 수도 없다. 억지로 하면 패하고 잡으려고 하면 잃는다. 그래서 성인은 위함이 없어 실패가 없고 잡으려고 하지 않아 잃음이 없다. 무릇 만물에는 앞서가는 것과 뒤따르는 것이 있고 숨을 천천히 쉬는 것과 빨리 쉬는 것이 있고 강한 것과 약한 것이 있고 꺾이는 것과 무너지는 것이 있다. 그래서 성인은 극심한 것, 사치한 것, 과분함을 버린다.

將欲取天下而爲之, 吾見其不得已.
장욕취천하이위지 오견기부득이

天下神器, 不可爲也.

천하신기 불가위야

爲者敗之, 執者失之.

위자패지 집자실지

是以聖人無爲, 故無敗 : 無執, 故無失.

시이성인무위 고무패 무집 고무실

夫物或行或隨, 或歔或吹 : 或强或羸 : 或挫或隳.

부물혹행혹수 혹허혹취 혹강혹리 혹좌혹휴

是以聖人去甚, 去奢, 去泰.

시이성인거심 거사 거태

_「도덕경 29장」

[역해]

·장욕將欲 : 욕심을 부리자

·신기神器 : 신비한 그릇

·위지爲之 : 인위적으로 도모하다

·집執 : 잡다

·리羸 : 쇠약하다

·휴隳 : 훼멸되다, 무너지다

·심甚 : 극심하다

·태泰 : 과도하다, 과분하다

·오견기부득이吾見其不得已 : 나는 그것이 불가능하다고 본다.

· 불가위야不可爲也 : 그렇게 할 수 없다.

· 위자패지爲者敗之 : 그렇게 하면(억지로 하면) 패한다.

· 집자실지執者失之 : 잡으려고 하면 잃는다.

· 시이성인무위是以聖人無爲 : 이 때문에 성인은 위함이 없다.

· 혹행혹수或行或隨 : 앞서가는 것과 뒤따르는 것이 있다.

· 혹허혹취或歔或吹 : 숨을 천천히 쉬는 것과 빨리 쉬는 것이 있다.

· 혹강혹리或强或羸 : 강한 것과 약한 것이 있다.

· 혹좌혹휴或挫或隳 : 안정된 것과 위험한 것이 있다.

· 시이성인거심是以聖人去甚 : 이 때문에 성인은 극심한 것을 버린다.

[요지]

이번 장에서 노자는 중점적으로 무위의 도리를 논술하였다. 즉, 무위는 도의 법칙에 따라 행사해야 하며 이를 어기면 실패를 부른다.


```
경 전 사 례
```

강직하고 청렴한 양진

동한의 양진은 일찍이 부친이 세상을 뜨고 가세가 기울어 불우한 유년 시절을 보냈다. 하지만 어릴 때부터 총기가 있고 학문을 좋아해 당시 '구경九卿'이라고 부르던 조정 신료 9명 중 한 명인 태상 환욱에게서 '금문상서'를 배워 훗날 한나라 조정의 큰 스승이 되었다. 양진을 따르는 제자가 20

여 년 동안 무려 2천 명에 달했으니 그 명성을 짐작할 수 있다.

112년 3월 양진은 산동 동래 태수가 되었고 2년 후에는 하북 탁주 태수가 되었다. 당시 온 나라에 도적떼가 횡행하였지만 청렴결백한 양진이 다스리는 동래와 탁주는 민심이 안정되어 있었다. 이 때문에 양진은 등태후와 등질의 눈에 들어 117년 6월 태복으로 승진되었고 12월에는 '구경'의 하나인 태상 자리에 오르게 되었다.

123년 10월 양진은 다시 태위가 되어 군가를 담당했다. 그가 막 부임했을 때 동한 안제 유호의 외숙부 경보는 외교를 담당하는 대홍려라는 관직에 있었다. 그는 양진에게 상사 이윤을 대신해 그의 형을 등용해줄 것을 청했지만 양진은 이를 거절하였다. 경보는 양진에게 "이윤은 황제께서 총애하는 인물이오. 나는 그저 이윤을 대신해 그의 형을 등용하라고 말하는 것이오."라고 말했다. 즉, 이윤의 형을 등용하라고 말한 것은 황제의 뜻이고 자신은 단지 이를 전달했을 뿐이라는 것이다. 이에 양진은 "만약 황제의 뜻이라면 분명히 조서를 내리셨을 테니 조서를 가져와 보시오."라고 말해 끝내 혈연과 권세를 앞세운 청탁을 거절하였다.

염 황후의 오라비로 도성을 수비하는 금오라는 관직에 있던 염현도 양진을 찾아와 자신의 심복을 등용해줄 것을 청했지만 양진은 이것도 거절하였다. 얼마 후 안제는 조서를 내려 유모인 왕성의 집을 대규모로 공사하게 하고 간신배들은 공사를 선동하며 궁궐을 희뿌연 흙먼지로 뒤덮이게 했다. 그러자 대소 신료들 사이에서 불만이 끊이지 않았지만 아무도 감히 나서 말하지 못하였다. 그러자 양진이 안제에게 그 일을 간곡히 상소했지만 안제는 양진의 말을 듣기는커녕 오히려 크게 진노할 뿐이었다. 그 후 안제는 간신배들의 모략에 빠져 양진을 파직시키고 서인으로 강등시켜 고향으로 돌아갈 것을 명하였다.

• • •

09_부드러움이 강함을 이긴다

장차 움츠리고자 하면 반드시 먼저 이를 펴게 하고 장차 약하고자 하면 반드시 우선 강하게 하고 장차 없애고자 하면 반드시 먼저 이를 흥하게 하고 장차 이것을 가지고자 하면 반드시 이를 먼저 준다. 이를 은미한 밝음이라고 부른다. 부드럽고 약한 것은 딱딱하고 강한 것을 이긴다. 물고기는 연못을 벗어나면 안 되고 국가의 이로운 기물은 남에게 보여주면 안된다.

將欲歙之, 必固張之:
장욕흡지 필고장지
將欲弱之, 必固强之:
장욕약지 필고강지
將欲廢之, 必固興之:
장욕폐지 필고흥지

將欲取之, 必固與之.

장욕취지 필고여지

是謂微明.

시위미명

柔弱勝剛強.

유약승강강

魚不可脫於淵, 國之利器不可以示人.

어불가탈어연 국지리기불가이시인

_『도덕경 36장』

[역해]

· 흡歙 : 움츠리다

· 고固 : 우선, 잠시

· 폐廢 : 제거하다, 없애다, 버리다

· 미명微明 : 드러나지 않은 총명

· 이기利器 : 좋은 무기, 기물. 여기서는 훌륭한 '치국 책략'을 말한다.

· 시인示人 : 남에게 보여주다, 알리다

· 장욕흡지將欲歙之 : 장차 움츠리고자 한다.

· 필고장지必固張之 : 반드시 먼저 펴려고 한다.

· 장욕폐지將欲廢之 : 장차 이를 폐하고자 한다.

· 필고흥지必固興之 : 반드시 먼저 이를 흥하게 한다.

· 장욕취지將欲取之 : 장차 이를 가지려고 한다.

· 필고여지必固與之 : 반드시 먼저 이를 주어야 한다.

· 시위미명是謂微明 : 이를 은미한 밝음이라고 부른다.

· 유약승강강柔弱勝剛強 : 부드럽고 약한 것은 딱딱하고 강한 것을 이긴다.

· 어불가탈어연魚不可脫於淵 : 물고기는 연못을 벗어나면 안 된다.

· 국지리기불가이시인國之利器不可以示人 : 국가의 이로운 기물(치국 책략)은
  남에게 보여주면 안 된다.

[요지]

이번 장에서 노자는 사물의 두 가지 성질과 모순이 전환하는 변증 관계
를 설명해 자연계의 운동과 변화 법칙을 제시한 동시에 자연계의 변증법
으로 사회현상에 비유해 사람이 마땅히 경각성에 주의할 것을 논술하였
다.

경 전 사 례

천하 사물의 도리

노자는 상종 선생의 병이 위급하다는 소식을 듣고 급히 선생의 병문안
을 가 선생님께서 하실 말씀이 있는지 물었다. 상종 선생은 입을 벌려 노
자에게 물었다.

"내 이빨이 아직 있느냐?"

"없습니다."

"왜 그런지 너는 아느냐?"

노자는 잠시 생각하고 대답했다.

"혀가 남아 있는 것은 유연하기 때문 아닌지요? 치아가 빠져 사라진 것은 강하기 때문이라고 생각합니다."

상종 선생은 머리를 끄덕이며 말했다.

"사실 그렇다. 천하의 모든 일이 이런 도리다. 내가 네게 말하고 싶은 것은 이것뿐이다!"

• • •

10 _도는 위함이 없다

도는 항상 위함이 없지만 하지 않는 것이 없다. 제후와 왕이 이것을 지킬 수만 있다면 만물이 저절로 변화한다. 저절로 변화하는데도 욕심을 낸다면 장차 나는 이름 없는 도로 억누를 것이다. 이름 없는 도로 이를 진정시키면 그들도 장차 욕심내지 않을 것이다. 욕심내지 않아 고요하면 천하는 저절로 올바로 될 것이다.

道常無爲而無不爲.
도상무위이무불위

侯王若能守之, 萬物將自化.

후왕약능수지 만물장자화

化而欲作, 吾將鎭之以無名之樸.

화이욕작 오장진지이무명지박

鎭之以無名之樸, 夫將不欲.

진지이무명지박 부장불욕

不欲以靜, 天下將自正.

불욕이정 천하장자정

_「도덕경 37장」

[역해]

· 진鎭 : 진압하다, 제압하다, 억누르다

· 박樸 : '도'의 질박함을 형용하였다.

· 자정自正 : 자연히 정상적으로 안정되다, 올바로 되다

· 도상무위이무불위道常無爲而無不爲 : 도는 항상 위함이 없지만 하지 않는
것이 없다.

· 만물장자화萬物將自化 : 만물은 저절로 변화한다.

· 화이욕작化而欲作 : 저절로 변화하는데도 욕심을 낸다.

· 오장진지이무명지박吾將鎭之以無名之樸 : 장차 나는 이름 없는 도로 억누
를 것이다.

· 진지이무명지박鎭之以無名之樸 : 이름 없는 도로 이를 진정시키다.

· 부장불욕夫將不欲 : 그들은 장차 욕심내지 않을 것이다.

· 불욕이정不欲以靜 : 욕심내지 않아 고요하다.

· 천하장자정天下將自正 : 천하는 장차 저절로 올바로 될 것이다.

[요지]

이번 장에서 노자는 '위함이 없지만 하지 않는 것이 없다'라는 중심적인 의제議題를 제시했는데, 이것은 노자의 사상체계에서 가장 핵심적인 명제다.

경전사례

자연을 벗삼다

명나라 태조 주원장 휘하에 유백온이라는 책사가 있었다. 그는 나라 사정을 귀신같이 잘 예측했고 강직하고 국법을 잘 지켰으며 황제에게 직언하기를 두려워하지 않았다. 마음도 넓어 남을 잘 배려했고 사사로운 감정으로 공무를 처리하지 않았으며 자신의 공을 내세우지도 않았다.

주원장은 명 제국 수립 후 여러 중신의 공로를 치하할 때 유백온의 조부와 부친을 '군공郡公'으로 봉했다. 이를 보더라도 주원장이 유백온을 얼마나 아꼈는지를 알 수 있다. 주원장은 유백온도 군공에 봉하려고 했지만 그가 한사코 거절해 어쩔 수 없이 승상으로 삼으려고 했다. 하지만 유백온은 그마저 거절하며 이렇게 말했다.

"신은 직언을 지나치게 좋아해 대소 신료들이 곱게 보지 않습니다. 또한, 천성적으로 번잡하고 사소한 일은 잘 처리하지 못합니다. 따라서 승상이라는 직분에 맞지 않습니다. 억지로 승상직을 맡아 황상의 기대를 저버릴까 염려됩니다."

그러자 주원장은 어쩔 수 없이 그를 홍문관 학사로 임명하였다.

이듬해 유백온은 관직에서 물러나 고향으로 돌아가 평범한 백성으로 지냈다. 지방 관료들이 여러 번 그를 찾아오려고 했지만 그는 만나지 않았다. 하루는 지현이 저잣거리 백성으로 위장하고 그를 만나러 갔다. 유백온은 손님에게 대접할 주안상을 준비시켜 그를 극진히 맞았다. 얼마 후 지현이 자신의 신분을 밝히자 유백온은 크게 놀라며 말했다.

"저는 대인 관할하의 일개 평범한 백성인데 어찌 몸소 이 미천한 것을 찾아오셨습니까?" 이후 유백온은 지현과 다시는 교류하지 않았다. 이처럼 유백온은 명예와 이익에 욕심이 없었고 자연을 벗삼아 평범하게 살길 원했다.

11 _천한 것을 근본으로 하다

옛날에 하나를 얻는 것은 이렇다. 하늘은 하나를 얻어 맑고 땅은 하나를 얻어 편안하고 신은 하나를 얻어 영험하고 계곡은 하나를 얻어 가득 차고 만물은 하나를 얻어 생겨나고 제후와 왕은 하나를 얻어 천하를 올바로 다스린다. 이 모든 것이 하나인 도에 이르러 된 것이다. 하늘이 맑지 못하면 장차 갈라질까 두렵고 땅이 편안하지 못하면 장차 버려질까 두렵고 신이 신령스럽지 않으면 영험이 사라질까 두렵고 계곡이 가득 차지 않으면 장차 마를까 두렵고 만물이 생겨나지 못하면 장차 훼멸될까 두렵고 제후와 왕이 올바르지 못하면 나라가 기울까 두렵다. 그러므로 귀한 것은 천한 것을 근본으로 하고 높음은 낮음을 기초로 삼는다. 이 때문에 제후와 왕은 스스로 외롭고 적고 봉록이 없다고 말한다. 이는 천한 것을 근본으로 삼기 때문 아니겠는가? 그렇지 않은가? 영예를 추구하면 영예를 잃으니 옥처럼 빛나려고 애쓰지 말고 돌처럼 소박해야 한다.

昔之得一者 : 天得一以淸 : 地得一以寧 : 神得一以靈 :

석지득일자 천득일이청 지득일이녕 신득일이영

谷得一以盈 : 萬物得一以生 : 侯王得一以爲天下正.

곡득일이영 만물득일이생 후왕득일이위천하정

其致之也, 天無以淸, 將恐裂 : 地無以寧, 將恐廢 :

기치지야 천무이청 장공렬 지무이녕 장공폐

神無以靈, 將恐歇 : 谷無以盈, 將恐竭 :

신무이령 장공헐 곡무이영 장공갈

萬物無以生, 將恐滅 : 侯王無以正, 將恐蹶.

만물무이생 장공멸 후왕무이정 장공궐

故貴以賤為本, 高以下為基.

고귀이천위본 고이하위기

是以侯王自稱孤, 寡, 不穀.

시이후왕자칭고 과 불곡

此非以賤為本耶, 非乎.

차비이천위본야 비호

故致譽無譽.

고치예무예

是故不欲琭琭如玉, 珞珞如石.

시고불욕녹록여옥 낙락여석

_「도덕경 39장」

[역해]

· 석昔 : 태조, 처음, 옛

· 공렬恐裂 : 갈라져 내릴까 두렵다

· 헐歇 : 사라지다, 비다, 마르다

· 갈竭 : 물이 마르다

· 궐蹶 : 넘어지다, 엎어지다

· 곡穀 : 봉록, 좋다, 훌륭하다

· 곡득일이영谷得一以盈 : 계곡이 하나를 얻어 가득하다.

· 만물득일이생萬物得一以生 : 만물이 하나를 얻어 생성하다.

· 후왕득일이위천하정侯王得一以爲天下正 : 임금(제후와 왕)이 하나를 얻어 천하를 올바로 하다.

· 기치지야其致之也 : 이를 더 미루어 도리를 말하면

· 천무이청天無以淸 : 하늘이 맑지 못하면

· 장공렬將恐裂 : 장차 갈라질까 두렵다.

· 지무이녕地無以寧 : 땅이 편안하지 못하면

· 장공폐將恐廢 : 장차 버려질까 두렵다.

· 후왕무이정侯王無以正 : 임금(제후와 왕)이 올바르지 않다.

· 장공궐將恐蹶 : 장차 기울까 두렵다.

· 고귀이천위본故貴以賤爲本 : 그러므로 귀한 것은 천한 것을 근본으로 한다.

· 고이하위기高以下爲基 : 높은 것은 낮은 것을 바탕으로 한다.

· 자칭고 과 불곡自稱孤, 寡, 不穀 : 스스로 외롭고 적고 봉록이 없다고 한다.

· 차비이천위본야此非以賤爲本耶 : 이것은 천한 것을 근본으로 삼고 있기 때문 아닌가?

· 비호非乎 : 그렇지 않은가?

· 고치예무예故致譽無譽 : 그러므로 영예를 추구하면 영예가 사라진다.

· 시고불욕是故不欲 : 이런 까닭에 안 하려고 한다.

· 녹록여옥琭琭如玉 : 드물기가 옥과 같다.

· 낙락여석珞珞如石 : 굳고 거칠기가 돌과 같다.

[요지]

이번 장에서 노자는 '도'의 운용을 논술하였다. 여기서 '일—'은 도를 말하는데 도는 천하 만물의 근본이자 국가를 다스리는 근본이므로 모든 일은 도의 법칙에 따라 행사해야 한다.

경전사례

인생 비평

제나라 국왕이 이간질에 속아 맹상군의 명망이 자신보다 높고 대권을 장악했다는 이유로 홧김에 맹상군을 재상에서 파면하고 수도 밖으로 내쫓았다. 그러자 그의 문하에 있던 빈객 수천 명이 뿔뿔이 흩어져 떠나버렸다.

훗날 맹상군이 다시 재상의 직위를 회복하자 식객들이 사방에서 다시 모여들었다. 맹상군은 크게 탄식하며 자신의 복권을 도와준 풍환에게 말했다.

"내 식객 3천 명이 하루아침에 내가 파직되는 것을 보고 모두 나를 버리고 떠나 나를 돌보는 사람이 없었습니다. 이제 선생에 의해 다시 그 직위를 얻었지만 식객들은 무슨 면목으로 나를 다시 볼 수 있단 말입니까? 나를 다시 보는 사람이 있다면 반드시 그 얼굴에 침을 뱉고 그를 크게 욕보일 겁니다."

"선생께서는 말실수를 하셨습니다. 무릇 물건에는 반드시 그렇게 되는 결과가 있고 일에는 당연히 그렇게 되는 도리가 있습니다. 선생께서는 그것을 아십니까?"

"나는 어리석어 선생님이 말씀하시는 바를 알지 못하겠습니다."

"살아 있는 것이 죽는 것은 사물의 필연적인 결과이며 부유하고 귀하면 선비가 많고 가난하고 천하면 친구가 적은 것은 일의 당연한 면모입니다. 선생께서는 아침에 시장에 모이는 사람들을 보지 못하셨습니까? 날이 밝으면 어깨를 비비고 다투며 문으로 들어가는데 날이 저물면 시장을 지나가는 사람들은 어깨를 늘어뜨리고 돌아보지도 않습니다. 이것은 아침을 좋아하고 저녁을 미워해서가 아니라 기대하는 물건이 그 안에 없기 때문입니다. 전에 선생께서 지위를 잃자 빈객이 모두 떠났는데 그것 때문에 선비들을 원망하며 그들의 길을 끊을 필요는 없습니다. 선생께서는 전처럼 선비들을 대우하시기 바랍니다."

사실 인생길에서 사람들은 우연히 만나고 우연히 헤어진다. 달면 삼키고 쓰면 뱉는 것이 인생사다. 권세의 위력을 등에 업을 수 있으면 불길이 치솟듯 크게 성공할 수 있을 것이다. 하지만 자연 상태 그대로 유지하면 당신이 금과 옥 같은 뛰어난 재질의 소유자라도 아무도 알아주지 않고 남들에게 짓밟히는 존재가 될 것이다. 이 말은 냉혹하고 무정한 것이다. 하지만 인생의 진실을 알려준다. 세상은 무정하고 복잡한 모순덩어리다. 그렇다고 너무 비관하거나 낙담할 필요는 없다. 인생길에서 넓은 아량으로 스스로 유쾌한 상태를 유지하고 사소한 일에 얽매이지 않고 남들과 더불어 평화롭게 살아가기는 정말 어려운 일이다. 그렇게 살 수 있다면 안분지족의 인생을 누릴 수 있다.

12 _무위의 이로움

천하의 가장 부드러운 것이 천하의 가장 견고한 것을 부린다. 형체가 없는 것은 틈이 없는데도 들어간다. 그래서 나는 무위의 이로움을 알고 있다. 말 없는 가르침과 무위의 유익함에 미칠 만한 것은 천하에 드물다.

天下之至柔, 馳騁天下之至堅.
천하지지유 치빙천하지지견

無有入無間, 吾是以知無爲之有益.
무유입무간 오시이지무위지유익

不言之敎, 無爲之益, 天下希及之.
불언지교 무위지익 천하희급지

_「도덕경 43장」

[역해]

· 지유至柔 : 지극히 부드럽다

· 치빙馳騁 : 말을 달리다, 마음대로 부리다

· 지견至堅 : 지극히 견고하다

· 무유無有 : 여기서는 '형체가 없다'라는 뜻이다.

· 무간無間 : 틈이 없다

· 희급지希及之 : 따를 만한 것이 극히 드물다.

· 천하지지유天下之至柔 : 천하에 지극히 부드러운 것

· 치빙천하지지견馳騁天下之至堅 : 천하에 지극히 견고한 것을 마음대로 부
  리다.

· 무유입무간無有入無間 : (형체가) 없어 틈이 없는데도 들어간다.

· 오시이지무위지유익吾是以知無為之有益 : 나는 무위의 이로움을 알고 있다.

· 불언지교不言之敎 : 말 없는 가르침

· 무위지익無為之益 : 무위의 유익함

· 천하희급지天下希及之 : 천하에 해낼 만한 것(사람)이 극히 적다.

[요지]

이번 장에서 노자는 만물의 '화기和氣'를 논술하였다. 즉, '유柔'와 '무無'의
묘한 곳을 천명하였다.

경 전 사 례

'복숭아' 계책

제나라 용사 전개강, 공손접, 고야자는 국가에 적잖은 공을 세웠지만 안
하무인이어서 안자는 제 경공에게 그 세 명을 모두 죽여 우환을 없앨 것
을 권하였다. 계책을 꾸며 진귀한 복숭아 두 개를 주며 그들 자신이 공로
에 따라 집어먹게 했다. 공손접은 호랑이를 때려잡은 공로로 복숭아 하
나를 먼저 집었고 전개강은 적을 무찌른 공로로 나머지 복숭아를 집었다.
둘이 곧바로 복숭아를 먹으려고 하자 고야자는 자신의 공이 둘보다 크다

고 소리쳤다. 공손접과 전개강은 자신의 공이 고야자보다 못함을 알고 서로 빼앗아 먹으려던 행동이 부끄러워 칼을 빼 자결하고 말았다. 고야자는 둘의 자결을 보고 양심의 가책을 느껴 칼을 빼 스스로 목을 베었다.

• • •

13_배우면 날마다 더해진다

배우면 날마다 더해지지만 도는 날마다 덜어진다. 덜어내고 또 덜어내면 위함이 없음에 이른다. 위함이 없음에 이르면 못하는 것이 사라진다. 천하를 다스릴 때는 늘 일이 없음으로 한다. 일이 있으면 천하를 다스리는 것은 불가능하다.

為**學**日**益**, 為**道**日**損**.
위학일익 위도일손
損之又損, **以至於無為**.
손지우손 이지어무위
無為而無不為.
무위이무불위
取天下常以無事, **及其有事**, **不足以取天下**.

취천하상이무사 급기유사 부족이취천하

_「도덕경 48장」

[역해]

· 학學 : '인의예지仁義禮智'를 가리킨다.

· 일손日損 : 외계가 유혹하는 욕망이 하루하루 감소하는 것을 말한다.

· 취取 : 장악하다, 다스리다

· 급及 : 만약

· 유사有事 : 정치 조치가 너무 많고 가혹하다는 뜻이다.

· 부족不足 : 불가능하다

· 위도일손爲道日損 : 도를 하면 날마다 줄어든다.

· 손지우손損之又損 : 줄이고 또 줄이다(덜고 또 덜다).

· 이지우무위以至於無爲 : 이로써 위함이 없음에 이르다.

· 무위이무불위無爲而無不爲 : 위함이 없으면 못하는 것이 없어진다.

· 취천하상이무사取天下常以無事 : 천하를 장악할 때는 늘 일이 없음으로 한다.

· 급기유사及其有事 : 만약 일이 있다면

· 부족이취천하不足以取天下 : 이로써 천하를 다스리는 것은 불가능하다.

[요지]

이번 장에서 노자는 '인식'과 '실천' 두 개 방면으로부터 '무위'의 쓰임새를 논술하였다.

황태후가 구제하다

동한 화제의 황후 등수는 태부의 손녀로 그녀의 일상생활은 매우 검박해 늘 자신의 사욕을 자제하는 덕행이 훌륭한 인물이었다. 한 화제가 그녀를 황후로 책립하려고 했지만 그녀는 여러 번 거절하였다. 당시 천하의 제후들은 사력을 다해 진귀한 보물을 찾아 조정에 바치려고 했지만 등수가 황후가 된 이후로 조정에 곡물을 바치지 못하게 영을 내렸고 중대한 명절이라도 일부 종이와 먹을 바치는 것만 허락하였다.

등수가 황태후가 되었을 때 민간에서 수년간 수한 재해로 백성들이 먹지 못하고 굶주린다는 것을 알게 되자 그는 근심에 밤잠을 제대로 못 자고 앞장서 지출을 줄이며 굶주리는 백성들을 구제하였다.

14_성인의 마음은 변함이 없다

성인에게는 사심이 없으며 백성의 마음을 자신의 마음으로 삼는다. 선한 자는 자신이 선하다고 하고 선하지 않은 자도 자신이 선하다고 하니 선한 덕이 된다. 미더운 사람은 자신이 미덥다고 하고 미덥지 못한 사람도 자신이 미덥다고 하니 미더운 덕이 된다. 성인은 천하 사람들을 있는 그대로 받아들이고 천하를 다스릴 때는 사람들의 마음이 혼탁해지니 백성들은 눈과 귀를 성인에게 집중하고 성인은 그들을 어린아이로 변하게 한다.

聖人無常心, 以百姓心爲心.
성인무상심 이백성심위심

善者, 吾善之 : 不善者, 吾亦善之 : 德善.
선자 오선지 불선자 오역선지 덕선

信者, 吾信之 : 不信者, 吾亦信之 : 德信.
신자 오신지 불신자 오역신지 덕신

聖人在天下, 歙歙焉, 爲天下渾其心.
성인재천하 흡흡언 위천하혼기심

百姓皆注其耳目, 聖人皆孩之.
백성개주기이목 성인개해지

_『도덕경 49장』

[역해]

· 심心 : '편견, 사심'을 말한다.

· 흡흡歙歙 : 흡인하다, 받아들이다

· 혼渾 : 본뜻은 '혼탁하다, 흐리다, 무지하다'다

· 성인무상심聖人無常心 : 성인은 항상 사심이 없다.

· 이백성심위심以百姓心爲心 : 백성들의 마음을 자신의 마음으로 하다.

· 오선지吾善之 : 나는 선하다고 한다.

· 오역선지吾亦善之 : 나도 선하다고 한다.

· 오신지吾信之 : 나는 미덥다고 한다.

· 흡흡언歙歙焉 : 있는 그대로 받아들이다.

· 위천하혼기심爲天下渾其心 : 천하 사람들의 마음이 혼탁해지다.

· 백성개주기이목百姓皆注其耳目 : 백성들이 눈과 귀를 그(성인)에게 집중하다.

· 성인개해지聖人皆孩之 : 성인은 그들(백성)이 어린아이가 되게 한다.

[요지]

이번 장에서 노자는 성인의 '선한 덕'과 '미더운 덕'의 경계를 말하면서 성인은 '도'를 근본으로 하므로 환경과 인정이 개변改變되어도 성인의 마음이 변함없는 '상심常心'을 논술하였다.

수인들과의 약속

진나라 임치현의 현령 조터曹攄가 그해 연말 감옥을 순시하면서 사형판결을 받은 옥중 죄수들을 보며 측은한 마음에 그들에게 물어보았다.

"곧 새해가 다가온다. 너희는 집에 한번 가볼 생각이 있느냐?"

수인들은 눈물을 흘리며 말했다.

"한 번만이라도 집에 가볼 수만 있다면 죽어도 여한이 없습니다."

그래서 조터는 감옥으로 돌아올 날짜를 수인들과 약속하고 명을 내려 감옥 문을 열어 수인들을 집으로 보내주었다. 이에 조터의 부하들이 극렬히 반대하자 그는 이렇게 말했다.

"그들은 비록 죄는 지었지만 은혜와 의리를 잊지는 않을 것이다."

과연 약속한 기일이 되자 수인들 모두 감옥으로 돌아왔다.

15_지혜로운 사람은 말이 없다

지혜로운 사람은 말이 없고 말하는 사람은 지혜롭지 못하다. 귀와 입을 막고 문을 닫고 날카로움을 무디게 하고 엉킴을 풀고 빛을 부드럽게 하고 속세에 묻힐 수 있다면 그것이 도와 하나가 되는 경계다. 그러므로 가까이 해주어도 안 되고 멀리해도 안 되며 이롭게 해주어도 안 되고 천하게 해주어도 안 된다. 그래서 이런 사람은 천하에서 가장 존귀한 것이다.

知者不言, 言者不知.
지자불언 언자부지

塞其兌, 閉其門 : 挫其銳, 解其分 : 和其光, 同其塵.
색기태 폐기문 좌기예 해기분 화기광 동기진

是謂玄同.
시위현동

故不可得而親, 不可得而疏 : 不可得而利, 不可得而害 :
고불가득이친 불가득이소 불가득이리 불가득이해

不可得而貴, 不可得而賤.
불가득이귀 불가득이천

故爲天下貴.
고위천하귀

_「도덕경 56장」

·태兌 : '귀와 눈'을 말한다.

·화和 : 조화롭다, 부드럽다

·진塵 : 속세

·색塞 : 막다

·현동玄同 : 도와 하나가 되는 경계

·귀貴 : 존중하다, 존귀하다

·색기태塞其兌 : 귀와 입을 막다.

·좌기예挫其銳 : 날카로움을 무디게 하다.

·해기분解其分 : 엉킴을 풀다.

·동기진同其塵 : 세속(티끌)과 함께 하다.

·시위현동是謂玄同 : 이것을 일러 도와 하나가 되는 경계다.

·고불가득이친故不可得而親 : 그러므로 가까이 해주어도 안 된다.

·불가득이소不可得而疏 : 멀리할 수도 없다.

·불가득이귀不可得而貴 : 귀하게 할 수도 없다.

·불가득이천不可得而賤 : 천하게 해주어도 안 된다.

·고위천하귀故爲天下貴 : 그러므로 천하에서 가장 존귀한 것이다.

[요지]

이번 장에서 노자는 덕을 닦는 방법을 말하면서 중점적으로 '현동玄同'을 드러냈다. 도의 핵심사상을 파악하고 세속의 쟁론과 분별, 경쟁에 참여하지 않음을 논술하였다.

말에 대한 담론

하루는 자금과 묵자가 야외로 산책 나가는 길에 자금이 묵자에게 물었다.

"선생님, 말을 많이 하면 어떻습니까?"

묵자는 자금의 말을 듣고 잠시 멈추어 서더니 연못 속 청개구리를 가리키며 말했다.

"청개구리는 밤낮 쉬지 않고 개굴개굴 울고 있다." 그리고 저쪽 수탉을 가리키며 "수탉은 동이 틀 때만 세 번 운다."라고 말했다.

자금이 의혹의 눈길로 묵자를 바라보자 묵자는 이렇게 설명했다.

"청개구리는 줄곧 울지만 많은 사람이 주의를 별로 돌리지 않는다. 반면, 수탉은 세 번만 울지만 사람들은 그 소리에 곧 날이 밝는다는 것을 알고 모두 주의를 돌린다. 이처럼 말을 많이 한다고 반드시 좋은 것은 아니다. 중요한 것은 때와 장소에 맞게 말하는 것이다."

16 _올바름으로 나라를 다스리다

올바름으로 나라를 다스리고 출기제승出奇制勝으로 군대를 움직이지만 천하를 취할 때는 무위로 한다. 그것을 내가 어떻게 아는가? 바로 이것으로 알 수 있다. 천하에 금지하고 가리는 것이 많을수록 백성은 더 가난해지고 백성의 무기가 많을수록 국가는 더 혼란해지고 백성이 꾀를 많이 부릴수록 사악한 일들이 자꾸 생기고 법이 엄해지면 도둑이 늘어난다.

그래서 성인은 이렇게 말했다. "내가 아무것도 하지 않으면 백성이 저절로 교화되고 내가 고요함을 좋아하면 백성은 저절로 바르게 되고 내가 아무 일도 꾸미지 않으면 백성은 저절로 부유해지고 내가 욕심을 내지 않으면 백성은 저절로 소박해진다."

以正治國, 以奇用兵, 以無事取天下.
이정치국 이기용병 이무사취천하

吾何以知其然哉, 以此:
오하이지기연재 이차

天下多忌諱, 而民彌貧 : 人多利器, 國家滋昏:
천하다기휘 이민미빈 인다리기 국가자혼

人多伎巧, 奇物滋起 : 法令滋彰, 盜賊多有.
인다기교 기물자기 법령자창 도적다유

故聖人云 : 我無爲, 而民自化 : 我好靜, 而民自正:
고성인운 아무위 이민자화 아호정 이민자정

我無事, 而民自富 : 我無欲, 而民自樸.

아무사 이민자부 아무욕 이민자박

_『도덕경 57장』

[역해]

· 기奇 : 은밀한 모략

· 미彌 : 더욱더

· 이차以此 : 바로 이것이다

· 휘諱 : 숨기다

· 혼昏 : 혼란하다

· 이정치국以正治國 : 올바름으로 나라를 다스리다.

· 이기용병以奇用兵 : 출기제승으로 군대를 움직이다.

· 이무사취천하以無事取天下 : 천하를 취할 때는 무위로 한다.

· 오하이지기연재吾何以知其然哉 : 그것을 내가 어떻게 아는가?

· 천하다기휘天下多忌諱 : 천하에 금지하고 가리는 것이 많다.

· 국가자혼國家滋昏 : 국가는 더 혼란해진다.

· 인다기교人多伎巧 : 사람들이 꾀를 많이 부리다.

· 기물자기奇物滋起 : 사악한 일들이 자꾸 생기다.

· 법령자창法令滋彰 : 법령이 자꾸 엄해지다.

· 아무위我無為 : 내가 아무것도 하지 않다.

· 이민자화而民自化 : 백성이 저절로 교화되다.

· 이민자정而民自正 : 백성이 저절로 바르게 되다.

· 이민자박而民自樸 : 백성이 저절로 소박해지다.

[요지]

이번 장에서 노자는 무위로 다스리는 사상을 여전히 논술하였다. 통치자가 '무위無爲, 호정好靜, 무사無事, 무욕無欲'이면 백성들은 그 덕에 감화되어 스스로 올바른 길을 가고 생활은 부유해지고 순박하고 선량해진다고 했다.

```
경전사례
```

한 문제의 치국

한나라 문제는 흉노를 물리치는 점에서는 한 무제보다 못하고 몰락하는 나라를 일으켜 세우는 점에서는 한 선제만 못했다. 한 문제는 재위 23년 동안 농사와 누에치기 제창 외에는 별다른 주장을 내놓지 못했는데 당시 나라에는 식량과 비단 외에는 진귀한 물건이 없었다. 한 문제는 세 번이나 침입해온 흉노를 매번 물리치면서도 전쟁을 일으키지 않고 군대를 국경 밖으로 내몰지 않았다. 하지만 한 무제는 장성 밖 단우대에 오르고 곽거병은 사악을 지나 낭거서산에 이르러 단을 쌓고 하늘에 제사까지 지냈다.

한 문제 때는 법령이 구전되지 못하고 예의범절이 완벽하지 못했지만 한 무제는 역법을 수정하고 복식 색상을 변경하고 예악을 진흥시키고 제사를 지냈다. 한 문제 시대에는 왕궁을 확장하지도 않고 애첩의 모기장도

수를 놓은 비단을 쓰지 않았다. 하지만 한 무제는 통천대를 건설하고 행차할 때마다 수많은 마차와 사람을 동원하고 진귀한 목재로 만든 배를 타고 유람을 다니며 '어용만연'이라는 유희를 즐겼다.

한 문제 때는 물자가 풍부하고 인구가 늘고 국고에는 돈을 꿰맨 끈이 썩었고 식량 창고에는 쌀이 넘쳐났으며 백성들은 잘살았다. 하지만 한 무제 때는 재산이 바닥을 드러냈다.

한 문제 때는 정치가 밝고 사회가 안정되어 백성들은 태평스러운 생활을 누렸고 전쟁의 참상도 보이지 않았지만 한 무제 때는 도처에 시신이 너저분하게 널려 있었다.

한 문제 때는 나라에서 매년 수백 건의 사건밖에 판결되지 않아 법이 쓸모없을 정도였지만 한 무제 때는 모든 사건을 철저히 수사하고 판결해 백성이 공포에 떨었다.

한 문제 때는 백성들이 순박해 법에 저촉되는 일을 매우 두려워했지만 한 무제 때는 사회에 행패를 부리는 사람이 매우 많았다.

한 무제가 문제보다 나라를 훨씬 잘 다스렸지만 한 문제는 무제처럼 나라를 다스릴 능력이 없어 보였다. 그런데 치국의 결과를 보면 한 문제는 백성을 잘 교화시켜 그를 삼왕三王에 비교할 경지에 이르렀지만 후세 사람들은 한 무제를 진 시황에 비교하였다.

허장성세를 부리는 것은 저도 모르는 사이에 사람들을 감화시키는 것보다 못하고 소리 지르고 욕설을 퍼붓는 것은 차근차근 인도하는 것만 못하다. 나라를 올바로 다스릴 때는 공을 세우기 위해 애쓰지 말고 평범한 일에서 성과를 거두기 위해 노력하는 것이 더 중요하다.

17 _화와 복은 서로 기댄다

　정치가 관용을 베풀면 백성이 순박해지고 다스림이 까다로우면 백성은 모질어진다. 화는 복에 기대고 복속에 화가 숨어 있으니 누가 화복을 알 수 있겠는가? 명확한 표준은 없다. 바른 것이 되돌아가 다시 그르게 되고 선한 것이 되돌아가 다시 악해져 사람들이 미혹에 빠진 지 정말 오래되었다. 그러므로 성인은 네모반듯해도 남을 네모반듯하게 만들지 않고 모나도 남을 다치지 않게 하고 솔직하지만 멋대로 하지 않으며 빛나지만 눈부시게 하지 않는다.

　　其政悶悶, 其民淳淳 : 其政察察, 其民缺缺.
　　기정민민 기민순순 기정찰찰 기민결결
　　禍兮, 福之所倚 : 福兮, 禍之所伏.
　　화혜 복지소의 복혜 화지소복
　　孰知其極, 其無正.
　　숙지기극 기무정
　　正復為奇, 善復為妖.
　　정복위기 선복위요
　　人之迷, 其日固久.
　　인지미 기일고구
　　是以聖人方而不割, 廉而不劌, 直而不肆, 光而不燿.
　　시이성인방이불할 염이불귀 직이불사 광이불요
　　_「도덕경 58장」

[역해]

· 민민悶悶 : 둔하고 무디다. 여기서는 '관용'의 뜻으로 쓰였다.

· 찰찰察察 : 엄밀하고 가혹하다

· 결결缺缺 : 교활하고 간사하다

· 귀劌 : 칼끝으로 상처를 입히다

· 사肆 : 방자하다

· 기정민민其政悶悶 : 정치가 관용을 베풀다.

· 기민순순其民淳淳 : 백성이 순박하다.

· 기정찰찰其政察察 : 다스림이 까다롭다.

· 기민결결其民缺缺 : 백성이 모질어지다.

· 복지소의福之所倚 : 복에 기대다.

· 화지소복禍之所伏 : 화는 숨어 있다.

· 숙지기극孰知其極 : 누가 (화복을) 알 수 있겠는가.

· 기무정其無正 : 그 바른(표준) 것이 없다.

· 정복위기正復爲奇 : 바른 것이 되돌아가 다시 그르게 되다.

· 선복위요善復爲妖 : 선한 것이 되돌아가 다시 악해지다.

· 기일고구其日固久 : 그날이 오래되다.

· 시이성인방이불할是以聖人方而不割 : 그러므로 성인은 네모반듯해도 남을 네모반듯하게 만들지 않는다.

· 염이불귀廉而不劌 : 모나도 상처내지 않다.

· 직이불사直而不肆 : 솔직하지만 멋대로 하지 않다.

· 광이불요光而不燿 : 빛나지만 눈부시게 하지 않다.

[요지]

이번 장에서 노자는 우선 '무위로 다스리기'의 장점을 설명하고 화와 복, 선악의 개념을 설명하였다.

길흉화복은 서로 기댄다

전국시대 북쪽 변방에 한 노인이 살고 있었다. 노인은 말을 많이 길렀는데 하루는 말 한 마리가 달아나버렸다. 그 소식을 들은 이웃사람들이 노인에게 달려와 위로하며 너무 상심하지 말 것을 당부하였다. 노인은 그들의 위로에 웃으며 말했다.

"말 한 필을 잃은 것은 큰 손실이 아니오. 말이 복을 가져올지도 모르지 않소?"

말을 잃은 것은 누가 보아도 분명히 안 좋은 일인데 노인이 좋은 일이 될 수도 있다고 하자 이웃사람들은 속으로 웃으며 노인 스스로 위로하는 것으로 생각했다. 그런데 며칠 후 달아났던 말이 흉노의 준마 한 필과 함께 돌아왔다. 노인의 예상이 맞아떨어지자 이웃사람들은 모두 놀라며 노인에게 축하 인사를 건넸다.

"멀리 내다보는 눈이 대단하십니다. 말이 온전히 돌아오고 훌륭한 말 한 필까지 공짜로 얻었으니 정말 복입니다." 하지만 노인은 이웃의 축하에도 전혀 기뻐하지 않았다. 오히려 걱정하는 안색이었다.

"공짜로 명마를 손에 넣은 것은 좋은 일이 아닐 수도 있소. 그 말 때문에 문제가 생길지 모르지 않소?"

이웃사람들은 그가 속으로 좋으면서도 겉으로 내색하지 않는다고 생각했다.

노인에게는 말타기를 무척 좋아하는 외동아들이 있었다. 그는 새로 들어온 말이 몸집이 크고 달리는 모습도 멋지고 울음소리도 우렁차 한눈에 명마임을 알아보았다. 그래서 매일 그 말을 타고 돌아다녔다. 하루는 너무 신나게 타고 다니다가 그만 낙마해 다리가 부러졌다. 이번에도 이웃사람들이 노인의 집으로 찾아와 위로했다. 이번에도 노인은 이렇게 대답했다.

"별일 아닙니다. 다리는 부러졌지만 목숨은 건졌으니 좋은 일이 될지도 모르오."

이웃사람들은 노인이 이해할 수 없는 말을 또 지껄인다고 생각했다. 그들은 아들의 다리가 부러진 것이 어떻게 좋은 일이 될 수 있는지 이해할 수 없었다.

그로부터 얼마 후 흉노 군대가 쳐들어와 모든 젊은이가 군대에 징병되었지만 노인의 아들은 다리가 부러진 탓에 집에 남을 수 있었고 다른 젊은이들이 전쟁터에서 목숨을 잃을 때 홀로 목숨을 지킬 수 있었다.

이처럼 인생살이에는 변수가 많아 길흉화복이 뒤바뀌며 일어난다. 복이 왔다고 자만하지 말고 재앙이 닥쳤다고 좌절하지 않고 순리를 따른다면 인생살이가 고달프지 않다.

18_치국방략

큰 나라를 다스리는 것은 작은 생선을 요리하는 것과 같다. 도로써 천하에 임하면 귀신도 조화를 부리지 못한다. 귀신이 조화를 부리지 못할 뿐만 아니라 그 힘으로 사람을 해칠 수도 없다. 귀신이 사람을 해치지 못할 뿐만 아니라 성인도 사람을 해치지 못한다. 귀신과 성인 모두 사람을 해치지 못해 모든 덕이 백성에게 그대로 돌아간다.

治大國, 若烹小鮮.
치대국 약팽소선
以道莅天下, 其鬼不神 : 非其鬼不神, 其神不傷人 :
이도리천하 기귀불신 비기귀불신 기신불상인
非其神不傷人, 聖人亦不傷人.
비기신불상인 성인역불상인
夫兩不相傷, 故德交歸焉.
부양불상상 고덕교귀언
_「도덕경 60장」

[역해]
·리莅 : 본뜻은 '임하다, 다스리다'인데 여기서는 '다스리다, 대하다'라는
뜻으로 쓰였다.
·양兩 : '귀신'과 '성인'을 말한다.

· 신神 : 여기서는 '양기'를 장악한 것을 말한다.

· 귀鬼 : 여기서는 '음기'를 장악한 것을 말한다.

· 약팽소선若烹小鮮 : 작은 생선을 요리하다.

· 이도리천하以道莅天下 : 도로써 천하를 다스리다.

· 기귀불신其鬼不神 : 그 귀신도 신령치 못하다.

· 비기귀불신非其鬼不神 : 그 귀신도 신령을 부리지 못한다.

· 기신불상인其神不傷人 : 그 신도 사람을 해치지 못한다.

· 성인역불상인聖人亦不傷人 : 성인도 사람을 해치지 못한다.

· 부량불상상夫兩不相傷 : 귀신과 성인 둘 다 서로 해치지 못한다.

· 고덕교귀언故德交歸焉 : 그래서 모든 덕이 (백성에게) 그대로 돌아가다.

[요지]

이번 장에서 노자는 주요하게 '도로써 다스린다'는 경계를 논술하였다. 천하를 다스릴 때는 귀신과 성인도 불가능하며 오직 도로써 다스려야 모든 일이 자연스럽게 성사될 수 있음을 논술하였다.

조조의 치국방략

서한시대 한 문제 통치 후기 대지주나 관료, 상인들은 서로 결탁해 농민들을 수탈하였다. 이에 견디다 못한 농민들은 생업을 포기하고 장삿길로 나서는 바람에 농촌은 피폐해지고 변방을 지키는 변상들도 적어 한나라 왕조의 생존은 풍전등화와 같았다. 이런 현실을 목격한 조착晁錯은 한 문제에게 상소문을 올렸는데 바로 그 유명한 '논귀속소論粟疏'로 곡식을 귀하게 여겨야 한다는 내용이었다.

농민들은 1년 내내 고생스럽게 농사를 짓지만 각종 부역, 조세, 관리들의 온갖 수탈과 억압으로 부득이 비싼 고리대를 쓰고 있었다. 심지어 빚을 못 갚은 농민들이 집과 땅은 물론 자식까지 팔아야 하는 참담한 지경을 개탄한 후 이런 암울한 현실을 타개하기 위해 바로 노자의 '나라를 다스리는 것은 작은 생선을 요리하는 것과 같다'라는 도리로 농민들에게 부과되는 각종 세금 부담을 줄여 생활을 안정시켜야 한다는 상소를 올린 것이다.

한 문제는 조착의 상소문을 받아들여 적극적으로 농업을 장려하였고 관리들의 수탈을 근절시켰다. 따라서 백성들의 생활뿐만 아니라 국가 재정도 안정될 수 있었다. 한 문제가 죽고 한 경제가 즉위한 후 경제는 한 문제의 치국방략을 계속 계승·발전시켜 서한 왕조는 번영을 누릴 수 있었다.

19_각자가 원하는 것을 얻으려면

　큰 나라는 강의 하류와 같아 천하의 암컷이 다 모인다. 암컷은 늘 고요함으로 수컷을 이기고 고요함으로 아래에 머문다. 그러므로 큰 나라가 작은 나라에게 낮추면 작은 나라를 얻을 수 있고 작은 나라가 큰 나라에게 낮추면 큰 나라를 얻기도 한다. 큰 나라도 스스로 낮춤으로써 얻고 작은 나라도 스스로 낮춤으로써 얻는다. 큰 나라는 사람을 아울러 기르려는 데 불과하고 작은 나라는 들어가 사람을 섬기려는 데 불과하다. 그럼 양자 모두 원하는 것을 얻으므로 큰 것일수록 겸손히 낮추어야 한다.

　大邦者下流, 天下之牝, 天下之交也.

　대방자하류 천하지빈 천하지교야

　牝常以靜勝牡, 以靜爲下.

　빈상이정승모 이정위하

　故大邦以下小邦, 則取小邦 : 小邦以下大邦, 則取大邦.

　고대방이하소방 즉취소방 소방이하대방 즉취대방

　故或下以取, 或下而取.

　고혹하이취 혹하이취

　大邦不過欲兼畜人, 小邦不過欲入事人.

　대방불과욕겸축인 소방불과욕입사인

　夫兩者各得其所欲, 大者宜爲下.

　부양자각득기소욕 대자의위하

　_『도덕경 61장』

[역해]

· 빈牝 : 암컷

· 모牡 : 수컷

· 겸축인兼畜人 : 아울러 사람을 먹여 살리다.

· 욕입사인欲入事人 : 들어가 사람을 섬기려고 하다.

· 대방자하류大邦者下流 : 큰 나라는 강의 하류와 같다.

· 천하지빈天下之牝 : 천하의 암컷들이다.

· 천하지교야天下之交也 : 천하의 모든 것이 모이는 곳이다.

· 빈상이정승모牝常以靜勝牡 : 암컷은 늘 고요함으로 숫컷을 이긴다.

· 이정위하以靜爲下 : 고요함으로 아래에 머물다.

· 고대방이하소방故大邦以下小邦 : 그러므로 큰 나라는 작은 나라에게 낮춘다.

· 즉취소방則取小邦 : 작은 나라를 얻을 수 있다.

· 고혹하이취故或下以取 : 그러므로 (큰 나라도) 낮춤으로써 (작은 나라를) 얻다.

· 혹하이취或下而取 : 혹시 (작은 나라도) 낮춤으로써 (큰 나라를) 얻다.

· 대방불과욕겸축인大邦不過欲兼畜人 : 큰 나라는 사람을 아울러 기르려는 데 불과하다.

· 소방불과욕입사인小邦不過欲入事人 : 작은 나라는 들어가 사람을 섬기려는 데 불과하다.

· 부양자각득기소욕夫兩者各得其所欲 : 그럼 양자는 각자 원하는 것을 얻는다.

· 대자의위하大者宜爲下 : 큰 것은 겸손히 낮추어야 한다.

[요지]

이번 장에서 노자는 대국으로서 소국을 대할 때는 마땅히 고요하게 낮추고 아래에 머무는 태도를 가질 것을 주장하였다.

경전사례

'긍矜' 자를 버렸다

송나라 학자 사량좌謝良佐는 겸허히 배우는 것을 즐겼고 이학가 정이를 선생으로 모신 적이 있었다. 사량좌가 정이 선생과 헤어진 지 1년이 지난 후 다시 찾아갔다. 정이 선생이 물었다.

"1년 동안 당신은 후확이 있었습니까?"

이에 사량좌는 "'긍矜' 자 하나를 버렸을 뿐입니다."라고 대답했다. 그러자 정이 선생은 그 까닭을 사량좌에게 물었다.

"참답게 반성하면 교만하고 자신이 잘난 척하는 데서 모든 문제가 생긴다고 보았습니다. '긍' 자의 결함을 능히 극곡한다면 힘써 향상을 꾀할 수 있습니다."

사량좌의 말을 들은 정이 선생은 고개를 끄덕이더니 앉아 있던 여러 학생들에게 말했다.

"사량좌가 학문하는 데는 사고할 줄 알고 사람 됨됨이도 겸허합니다."

❖ 긍矜 : 본뜻은 '불쌍히 여기다'인데 여기서는 '자랑하다, 뽐내다, 자만하다'라는 뜻으로 쓰였다.

20_끝을 조심하기를 처음처럼 한다

안정된 그것은 유지하기 쉽고 아직 조짐이 없는 그것은 도모하기 쉽다. 무른 그것은 풀리기 쉽고 미세한 그것은 흩어지기 쉽다. 생겨나기 전에 처리하고 어지러워지기 전에 이를 다스린다. 아름드리나무도 털끝 같은 싹에서 비롯되고 9층 누대도 흙을 쌓음으로써 일어나고 천릿길도 발밑에서 시작된다. 하려는 자는 패하고 잡으려는 자는 놓치기 때문에 성인은 하려고 하지 않아 실패가 없고 집착하지 않아 잃지도 않는다.

사람들은 늘 일이 다 되어갈 즈음 실패한다. 끝을 조심하기를 처음처럼 한다면 실패가 없다. 그러므로 성인은 욕심이 없기만 바라고 얻기 힘든 보물을 귀하게 여기지 않으며 배우려고 하지 않는 것을 배우며 뭇사람들의 지나침을 되돌리며 만물이 자연을 따르는 것을 도울 뿐 감히 인위적으로 하지 않는다.

其安易持, 其未兆易謀. 其脆易泮, 其微易散. 為之於未有, 治之於未亂.
기안이지 기미조이모 기취이반 기미이산 위지어미유 치지어미란

合抱之木, 生於毫末 ; 九層之臺, 起於累土 ; 千里之行, 始於足下.
합포지목 생어호말 구층지대 기어누토 천리지행 시어족하

為者敗之, 執者失之.
위자패지 집자실지

是以聖人無為故無敗, 無執故無失. 民之從事, 常於幾成而敗之.
시이성인무위고무패 무집고무실 민지종사 상어기성이패지

慎終如始, 則無敗事. 是以聖人欲不欲, 不貴難得之貨:

신종여시 즉무패사 시이성인욕불욕 불귀난득지화

學不學, 復衆人之所過, 以輔萬物之自然而不敢為.

학불학 복중인지소과 이보만물지자연이불감위

_『도덕경 64장』

[역해]

·반泮 : 흩어지다, 풀리다

·호말毫末 : 털끝

·기성幾成 : 일이 다 되어갈 즈음

·복復 : 여기서는 '잘못을 고치다'라는 뜻으로 쓰였다.

·기안이지其安易持 : 안정된 그것은 유지하기 쉽다.

·기미조이모其未兆易謀 : 아직 조짐이 없는 그것은 도모하기 쉽다.

·기취이반其脆易泮 : 여린 그것은 풀리기 쉽다.

·기미이산其微易散 : 미세한 그것은 흩어지기 쉽다.

·위지어미유為之於未有 : 아직 생겨나기 전에 이를 처리하다.

·치지어미란治之於未亂 : 아직 어지러워지기 전에 이를 다스리다.

·생우호말生於毫末 : 털끝 같은 싹에서 생겨나다.

·기우누토起於累土 : 흙을 쌓음으로써 일어나다.

·시어족하始於足下 : 발밑에서 시작되다.

·위자패지為者敗之 : 하려는 자는 패한다.

·집자실지執者失之 : 잡으려는 자는 놓친다.

· 상어기성이패지常於幾成而敗之 : 늘 일이 다 되어갈 즈음 실패하다.

· 시이성인무위고무패是以聖人無為故無敗 : 이 때문에 성인은 하려고 하지 않으므로 실패가 없다.

· 신종여시慎終如始 : 끝을 조심하기를 처음처럼 하다.

· 즉무패사則無敗事 : 즉, 실패하는 일이 없다.

· 시이성인욕불욕是以聖人欲不欲 : 이 때문에 성인은 욕심을 바라지 않는다.

· 불귀난득지화不貴難得之貨 : 얻기 힘든 재물을 귀하게 여기지 않는다.

· 복중인지소과復衆人之所過 : 많은 사람이 지나치기 쉬운 것으로 돌아간다.

· 이보만물지자연이불감위以輔萬物之自然而不敢為 : 만물이 자연을 따르는 것을 도울 뿐 감히 인위적으로 하지 않다.

[요지]

이번 장에서 노자는 중점적으로 만물의 이치와 사람들의 도리를 결합하는 이론을 제시하였다. 여기에는 풍부한 철리가 담겨져 있을 뿐만 아니라 실제적인 의의가 있는 행동 기교와 생활의 지혜가 내포되어 있어 후세 사람들의 수신과 일하는 기준이 되었다.

제갈량의 가르침을 받은 유비

삼국시대 유비는 친히 삼고초려해 제갈량을 모셔와 그의 가르침을 받았다. 제갈량은 우선 유비에게 당시의 천하 형세를 알려주었다.

"조조에게는 백만 군사가 있고 천자를 등에 업고 제후들을 호령하므로 그와 무력으로 다투면 안 됩니다. 손권은 강동의 지세가 험악한데도 일대를 굳건히 지키고 있고 백성들은 그에게 순응하고 있습니다. 그의 주변에서는 많은 현인들이 모략과 책략을 내고 있으므로 그를 칠 것이 아니라 연합해야 합니다."

이어서 제갈량은 형주와 익주의 형세도 분석하였다.

"형주의 동쪽은 오나라와 이어져 있고 서쪽은 파촉과 통하므로 서로 점령하려는 곳입니다. 하지만 형주의 유표는 뜻이 없어 장기적으로 이를 지켜내지 못할 것이며 익주의 유장은 유약하고 무능해 백성들의 원성이 높아 장기적으로 존재할 수 없습니다." 그리고 나서 제갈량은 유비에게 다음과 같이 건의하였다.

"공께서는 한 황실의 후예이시고 신의가 온 세상에 알려져 있으니 형주와 익주를 탈취한 후 대내적으로 정치를 개혁하고 대외적으로 손권과 연합해 시기가 무르익어 조조를 공격한다면 패업을 이룰 수 있고 한 황실의 중흥도 도모할 수 있습니다."

유비는 제갈량의 조언을 듣자마자 자신의 위업을 돕게 했고 이후 제갈량은 유비를 보좌해 촉한을 수립하게 되었다.

제갈량의 선견지명으로 삼분천하를 이룬 것은 바로 끝까지 '처음처럼'
했기 때문에 가능했다.

• • •

21 _도를 실천하는 사람

예부터 도를 잘 실천한 사람은 백성을 밝게 하지 않고 우직하게 하려고
했다. 백성을 다스리기 어려운 것은 그들에게 지혜가 많기 때문이다. 그러
므로 지혜로 나라를 다스리는 것은 나라의 화가 되니 지혜로 나라를 다
스리지 않는 것이 복이다. 이 양자를 아는 것이 법도이니 이를 현묘한 덕
이라고 부른다. 현묘한 덕은 깊고도 멀어 만물과 함께 진실하고 소박한 도
로 돌아간다. 그런 후 자연에 크게 순응한다.

古之善爲道者, 非以明民, 將以愚之.
고지선위도자 비이명민 장이우지
民之難治, 以其智多.
민지난치 이기지다
故以智治國, 國之賊:
고이지치국 국지적

不以智治國, 國之福.

불이지치국 국지복

知此兩者亦稽式, 常知稽式, 是謂玄德.

지차양자역계식 상지계식 시위현덕

玄德深矣, 遠矣, 與物反矣, 然後乃至大順.

현덕심의 원의 여물반의 연후내지대순

_「도덕경 65장」

[역해]

· 지다智多 : 지혜가 많다. 여기서는 '잔꾀와 거짓이 많다'라는 뜻이다.

· 적賊 : 화, 재난

· 계식稽式 : 법도, 법칙, 규범

· 대순大順 : (자연에) 크게 순응하다

· 고지선위도자古之善爲道者 : 고대 도를 잘하는 사람

· 비이명민非以明民 : 백성을 밝게 하지 않다.

· 장이우지將以愚之 : 그를 우직하게 하려고 하다.

· 민지난치民之難治 : 백성을 다스리기 어렵다.

· 이기지다以其智多 : 그 지혜가 많다.

· 고이지치국故以智治國 : 그러므로 나라를 지혜로 다스리다.

· 국지적國之賊 : 나라의 재난이다.

· 불이지치국不以智治國 : 지혜로 나라를 다스리지 않다.

· 지차양자역계식知此兩者亦稽式 : 이 양자를 아는 것도 법도다.

· 현덕심의 원의玄德深矣, 遠矣 : 현묘한 덕은 깊고도 멀다.

· 여물반의與物反矣 : 만물과 함께 (진실하고 소박한 도로) 돌아가다.

· 연후내지대순然後乃至大順 : 그런 후 (대자연에) 크게 순응하다.

[요지]

이번 장에서 노자는 마땅히 도로써 나라를 다스려야지 지혜로 다스리면 안 된다고 주장하였다.

사람들의 지혜는 시퍼렇게 날 선 칼날 같아 도덕이 없는 상황에서 지혜로 나라를 다스리면 그것은 바로 나라의 재난이 된다고 주장하였다.

| 경전사례 |

천천히 왕이라고 칭하라

명나라 태조 주원장은 유생儒生들을 잘 대우해 자신의 주변에 머물게 했는데 이는 그가 생각하지 못한 많은 이익을 가져다주었다. 먼저 훌륭한 유생들을 자신의 주변에 둠으로써 적을 약하게 만들 수 있었다. 자신에게 별 도움이 안 되는 인재라고 신경 쓰지 않으면 그는 분명히 적에게 붙을 것이다. 또는 혼자 떨어져 나가 새로운 무리를 형성할 것이고 그럼 결국 자신에게 불이익이 된다.

그다음으로 주원장은 유생들을 잘 대우하고 키워 민생이 안정되었다. 그 이유라면 각 지방에 널리 퍼져 있던 유생들 대부분 박학다식해 그 지역에서 존경을 받는데 백성들은 자신들도 모르게 그들을 닮아간 것이다. 또한, 지방을 다스리는 데 큰 이득이 되었다. 그들 대부분은 지방의 중소지주 계층으로 소작농을 거느려 그들이 나라의 정책을 따르면 백성들도 나라의 정책을 따르기 마련이었다.

주원장이 휘주를 공격할 때 주승이라는 유생이 그에게 간언했다.

"높은 담장과 식량을 충분히 갖춘 후 천천히 왕이라고 칭하십시오."

주원장은 주승의 이 한마디를 가슴에 새겨두고 나라를 운영하였다. 첫째, 후방을 견고히 하고 중앙에서 지휘하도록 군사체계를 전면 개편하였다. 둘째, 경제발전을 위해 민병을 하나로 통합하고 영전사라는 관직을 새로 만들어 주둔병이 토지를 경작해 군량을 자급자족하게 했으며, '만호부'를 설치해 전투력과 생산력을 동시에 향상시켰다. 셋째, 목표를 낮추고 매사 적절한 상황과 시기를 보고 판단하였다.

당시 몽골족의 중원 통치에 반대하는 의병들이 도처에서 봉기하고 난세의 영웅들이 많이 등장했는데 그런 상황에서도 주원장은 '천천히 왕이라고 칭하라'라는 주승의 말을 따르며 왕을 자칭하던 자들과 원나라를 세운 몽골족을 하나씩 격파하고 남북을 정벌해 마침내 중국을 통일하였다.

22_아무와도 다투지 않는다

강과 바다가 모든 골짜기의 왕이 될 수 있는 것은 아래에 머물기를 잘하기 때문이다. 이 때문에 성인은 백성의 위에 있으려면 반드시 스스로 낮추는 말을 해야 하며 백성 앞에 서고자 하면 스스로 몸을 뒤에 두어야 한다. 그러므로 성인은 위에 있어도 백성들은 부담으로 느끼지 않으며 앞에 있어도 백성들은 장애물로 여기지 않는다. 그래서 모든 세상 사람이 성인을 기꺼이 받들고 싫어하지 않는 것이다. 아무와도 다투지 않으니 천하의 그 누구도 그와 다투려고 하지 않는다.

江海所以能為百谷王者, 以其善下之, 故能為百谷王.
강해소이능위백곡왕자 이기선하지 노능위백곡왕

是以聖人欲上民, 必以言下之 : 欲先民, 必以身後之.
시이성인욕상민 필이언하지 욕선민 필이신후지

是以聖人處上而民不重, 處前而民不害.
시이성인처상이민부중 처전이민불해

是以天下樂推而不厭.
시이천하낙추이불염

以其不爭, 故天下莫能與之爭.
이기부쟁 고천하막능여지쟁

_「도덕경 66장」

[역해]

· 백곡百谷 : 수많은 골짜기

· 왕王 : 하천들이 모이는 연못을 말한다.

· 중重 : 부담이나 압박을 말한다.

· 막莫 : '아무도 없다'라는 뜻으로 쓰였다.

· 추推 : 받들다

· 시이是以 : 이로써

· 강해소이능위백곡왕자江海所以能為百谷王者 : 강과 바다가 능히 모든 골짜기의 왕이 되다.

· 이기선하지以其善下之 : 아래에 머물기를 잘한다.

· 시이성인욕상민是以聖人欲上民 : 이 때문에 성인은 백성의 위에 있고자 한다.

· 필이언하지必以言下之 : 반드시 낮추는 말을 해야 한다.

· 욕선민欲先民 : 백성 앞에 서고자 한다.

· 시이성인처상이민부중是以聖人處上而民不重 : 이 때문에 성인이 위에 있어도 백성들에게는 부담이 아니다.

· 처전이민불해處前而民不害 : 앞에 있어도 백성들은 방해로 여기지 않는다.

· 시이천하낙추이불염是以天下樂推而不厭 : 그래서 세상 모두 기꺼이 받들고 싫어하지 않는다.

· 이기부쟁以其不爭 : 아무와도 다투지 않다.

· 고천하막능여지쟁故天下莫能與之爭 : 그러므로 그 누구도 그와 다투려고 하지 않는다.

[요지]

이번 장에서 노자는 '아래에 머물기를 잘한다'와 '다투지 않는다'라는 훌륭한 점들을 논술하였다. 성인이 바로 그렇게 하는 것은 그로부터 좋은 것들을 얻기 위해서가 아니라 오직 '무위자연'의 도의 법칙을 따르기 때문이다.

경 전 사 례

명 왕조의 충신, 고염무

명나라 말기부터 청나라 초기까지 살았던 고염무顧炎武는 어릴 때부터 공부하기를 좋아해 10살 때부터 『좌전』, 『사기』, 『국지』, 『손자』 등을 읽기 시작했고 자라면서 학문을 정치에 응용하지 못하고 탁상공론을 일삼는 사대부들에게서 염증을 느꼈다. 그래서 보통 사대부처럼 사서와 경서만 탐독하지 않고 지리, 병법, 무역 등 실생활에 유용하고 도움이 될 만한 것을 함께 공부하였다.

고염무가 살던 시기는 명 왕조의 기강이 크게 흔들려 왕조의 앞날을 예측할 수 없는 어려운 시기였다. 고염무는 정계와 학계를 주름잡았던 오위업을 중심으로 결성된 '복사復社'에서 활동하며 위충현을 비롯한 환관 세력의 권력 다툼을 반대하였다.

1644년 명나라 숭정제가 자결한 후 북경에 입성한 청淸군은 이듬해 강남지역으로 내려가 남쪽 지역까지 정복해 중국을 통일하였다. 고염무는 청나라 반대운동에 가담해 두 번이나 청나라 군대에 맞서 싸웠지만 모두 실패하고 말았다. 그 후 산동, 하북, 산서, 섬서 등 전국 각지를 유랑하며 옛 스승과 친구들을 찾아가 학문을 논하였다. 노년에는 섬서에 있는 화양에서 은거하며 집필에 힘을 쏟았다. 그의 주요 저서들은 이 시기에 완성된 것이다.

고염무는 법률, 천문, 병법, 음운학, 고증학, 훈고학 등 다방면에서 빛나는 업적을 남겼으며 왕부지, 황종희와 함께 '청조 3대사'로 불리며 그 이름을 세상에 알렸다. 이처럼 박학다식하면서도 겸손해 늘 사람들로부터 가르침을 청했고 많이 안다고 자만하거나 오만하게 굴지 않았다. 또한, 그는 역사에서 얻은 교훈을 바탕으로 혼탁한 사회풍속을 바로잡아 정화할 것을 주장하였다. 당시 과거제도의 각종 폐단을 지적하고 개선안을 제시하였을 뿐만 아니라 황제 중심의 중앙집권 권력체계를 비판하며 나라의 주인은 군왕이 아닌 백성임을 주장하였다.

학술면에서도 『일지록』, 『천하군국이병서』, 『조역지』, 『음학오서』, 『정림시문집』 등 무려 528권을 저술하였다. 고염무는 명 왕조에 대한 절개를 끝까지 지킨 충신으로 왕조 멸망 이후에도 반청운동을 계속 벌였고 죽을 때까지 청나라 조정에 나가는 것을 거부하였다.

23_자신을 알고 자신을 사랑한다

　백성이 위엄을 두려워하지 않으면 큰 위태로움에 이른다. 그 거처하는 곳에 속박이 없고 그 사는 것에 싫어함이 없다. 무릇 오직 싫어하지 않기 때문에 싫어하지 않는다. 이 때문에 성인은 스스로 나타내지 않으며 스스로 사랑하고 스스로 귀하다고 하지 않는다. 그러므로 그것을 버리고 이것을 취한다.

　民不畏威, 則大威至.
　민불외위 즉대위지
　無狎其所居, 無厭其所生.
　무압기소거 무염기소생
　夫唯不厭, 是以不厭.
　부유불염 시이불염
　是以聖人自知不自見 : 自愛不自貴.
　시이성인자지불자견 자애부자귀
　故去彼取此.
　고거피취자
　_「도덕경 72장」

· 외畏 : 두려워하다, 무서워하다

· 지至 : 발생해 이르다

· 압押 : 핍박하다, 박해하다

· 염厭 : 여기서는 '압박하다, 싫어하다'라는 뜻으로 쓰였다.

· 견見 : 드러내다, 도출하다

· 민불외위民不畏威 : 백성이 위엄을 두려워하지 않는다.

· 즉대위지則大威至 : 큰 위태로움에 이르다.

· 무압기소거無狎其所居 : 그 거처하는 곳에 박해가 없다.

· 무염기소생無厭其所生 : 그 살아가는 것을 핍박함이 없다.

· 부유불염夫唯不厭 : 무릇 오직 핍박이 없다.

· 시이성인자지불자견是以聖人自知不自見 : 이 때문에 성인은 스스로 알고 스스로 드러내지 않는다.

· 자애부자귀自愛不自貴 : 스스로 사랑하고 스스로 귀하다고 하지 않는다.

· 고거피취차故去彼取此 : 그래서 그것을 버리고 이것을 취하다.

[요지]

이번 장에서 노자는 '스스로 알면 스스로 드러내지 않는다'와 '스스로 사랑하고 스스로 귀하게 여기지 않는다'라는 것을 중점적으로 논술하였다. 자신을 이해하고 자신의 생명을 아끼는 사람은 자신을 과시하거나 스스로 귀한 척하지 않는다.

드러내지 않아도 재능은 빛난다

송나라 시대 명재상 두연杜衍은 평소 후배들에게 이렇게 말했다.

"요직에 등용되면 청렴하고 신중히 처신하라. 남들에게 자신의 존재를 과시하려고 하면 안 된다. 눈에 띄면 오히려 남들의 시기를 받아 중상모략의 표적이 될 것이다. 상사라고 해서 남의 재능을 알아보는 눈을 반드시 가진 것도 아니니 안 좋은 결과가 올 수도 있다. 느긋하게 마음먹고 잠자코 할 일만 하면서 마음에 걸리는 일만 안 하면 그것으로 좋은 것이다."

하루는 제자 한 명이 어느 고을의 지사로 부임하자 두연은 그를 불러 이렇게 훈계하였다.

"네 재능은 현의 지사 정도로는 아까울 만큼 뛰어나지만 지금은 가능하면 재능을 과시할 생각은 말고 주변과의 조화에 마음을 쓰기 바란다. 탁월한 네 재능을 자랑하면 자랑할수록 불이익만 많고 좋은 일은 하나도 없는 법이다."

그러자 제자는 반박했다.

"선생님은 지금까지 자신의 신념에 충실한 것으로 천하에 이름을 떨치고 있습니다. 그런데 방금 제게 일러주신 것은 그것과 전혀 다르지 않습니까?"

두연은 이렇게 대답했다.

"나는 현재의 자리에 오르기까지 오랜 세월 동안 수많은 직무를 경험했

네. 그동안 황제의 인정과 신뢰를 얻은 덕분에 지금 이렇게 내 신념을 국정에 반영시킬 수 있었네. 자네는 겨우 지사에 임명되었을 뿐이니 앞으로의 승진은 상사가 마음먹기에 달려 있네. 현의 지사보다 위인 주 장관 지위쯤 되면 그리 간단히 손에 넣을 수는 없어. 상사의 인정을 받지 못하면 언제까지나 현 지사에 머물게 되어 있으니 더 넓은 입장에서 자신의 신념을 정치에 반영시킬 수도 없네. 그러긴커녕 쓸데없이 화나 부르는 것이 고작일 것일세. 더구나 자네의 재능을 시기한 자의 모함 등으로 더 높이 승진하지 못하고 낮은 자리에 머물면 신념을 국정에 반영하는 것은 공염불이 되네. 내가 자네에게 재능을 자랑하지 말고 주변과의 협조에 힘쓰라고 한 것은 바로 그 때문일세. 알겠는가?"

24_하늘의 그물은 넓고 넓다

뭔가를 하는 데 감히 용감하면 죽게 되고 뭔가를 하지 않는 데 감히 용
감하면 살아남는다. 이 양자는 하나는 이롭고 하나는 해로운데 하늘이
미워하는 까닭을 누가 알 수 있을까? 이 때문에 성인도 오히려 이를 어렵
게 여긴다. 하늘의 도는 다투지 않아도 잘 이기고 말하지 않아도 잘 응하
며 부르지 않아도 저절로 오고 느릿느릿하면서도 잘 도모한다. 하늘의 그
물은 넓고 넓어 성긴 듯하지만 놓치는 것이 없다.

勇於敢則殺, 勇於不敢則活.
용어감즉살 용어불감즉활
此兩者, 或利或害.
차양자 혹리혹해
天之所惡, 孰知其故.
천지소오 숙지기고
是以聖人猶難之.
시이성인유난지
天之道, 不爭而善勝, 不言而善應, 不召而自來, 繟然而善謀.
천지도 부쟁이선승 불언이선응 불소이자래 천연이선모
天網恢恢, 疏而不失.
천망회회 소이부실

_「도덕경 73장」

[역해]

· 감敢 : 진취하다, 향상하기 위해 노력하다

· 혹或 : 또는, 어떤 것은

· 유猶 : 오히려, 마치 ~와 같다

· 천지도天之道 : 하늘의 도, 자연의 법칙

· 천연繟然 : 느릿느릿 태평한 모습

· 천망天網 : 여기서는 '자연의 범위'를 말한다.

· 회회恢恢 : 광대하고 넓다

· 용어감즉살勇於敢則殺 : 뭔가를 함에 감히 용감하면 죽게 된다.

· 용어불감즉활勇於不敢則活 : 뭔가를 하지 않음에 감히 용감하면 살아남는다.

· 천지소오天之所惡 : 하늘이 미워하는 것이 있다.

· 숙지기고孰知其故 : 그 까닭을 알 수 있을까?

· 시이성인유난지是以聖人猶難之 : 이 때문에 성인도 이를 오히려 어렵게 여기다.

· 부쟁이선승不爭而善勝 : 다투지 않아도 잘 이기다.

· 불언이선응不言而善應 : 말하지 않아도 잘 응하다.

· 불소이자래不召而自來 : 부르지 않아도 스스로 오다.

· 천연이선모繟然而善謀 : 완만하면서도 잘 도모하다.

· 천망회회天網恢恢 : 하늘의 그물은 넓고도 넓다.

· 소이부실疎而不失 : 성기거나 놓치는 것이 없다.

[요지]

이번 장의 첫머리에서 노자는 '용勇' 자로 시작해 우선 천도天道의 삶과 죽음, 이로운 것과 해로운 것, 좋아하고 싫어하는 것을 설명하며 성인조차 이해하기 어렵다고 말했다. 그다음으로 도가 작용을 발휘할 때는 완전히 자연적이며 그 어떤 인위적인 조작이 없어도 능히 자연스럽게 완미한 결과를 가져올 수 있음을 논술하였다.

경 전 사 례 ──────────────────────

무도한 동탁의 횡포

동한 왕조의 파국을 불러온 동탁董卓은 중국 역사상 손꼽히는 폭군이자 무법자의 대명사다. 동탁과 함께 수도 낙양에 처음 입성한 병력은 3천 명에 불과했지만 동탁은 이 부대를 밤에 몰래 성 밖으로 옮기고 다음 날 다시 깃발을 나부끼고 나팔을 요란스럽게 불며 새로 입성하는 군대인 것처럼 도성에 재입성시켰다. 그렇게 며칠 동안 되풀이해 '서쪽 군대가 또 도착했다'라는 헛소문을 퍼뜨렸다. 그렇게 동탁은 자신이 가진 실력 이상으로 보여 큰 영향력을 행사하였다. 게다가 헌병대 사령관 격인 정원의 심복 여포를 구워삶아 정원을 살해시키고 그 군대를 수중에 넣은 후 대담하게도 천자 교체를 강행했다. 자신의 권력 과시를 위한 저의가 숨어 있었음이 틀림없다. 여러 신하의 반대에도 하 황후를 협박해 소제를 폐위시키고 진류왕을 황제로 옹위했는데 그가 바로 훗날 조조에게 온갖 협박을 당하는 비극의 주인공 헌제다. 연이어 동탁은 하 황후를 독살하고 명실공히 군사 부문의 최고 권력을 가진 태위로 부임하였다.

동탁은 자신의 수하와 병사들을 만족시키기 위해 낙양에 사는 귀족과 부유층의 저택을 약탈할 자유를 주어 그들 마음대로 금은 재화를 빼앗고 부녀자를 범하는 것을 허락하였고 그것도 모자라 갓 매장한 영제의 묘를 파 진귀한 부장품을 도굴하였다. 황제의 딸인 공주들이 폭행당하고 궁중의 여자 내관이 백주에 봉변을 당하는 일이 다반사가 되었다. 그렇게 낙양은 그야말로 귀신이 나오는 공포의 도성으로 전락하고 말았다.

한편, 동탁은 그전에 환관의 전횡으로 실각한 사람들을 등용해 자신의 권력 강화를 시도했지만 심지가 곧은 그들은 응하지 않았다. 그래서 원소, 원술, 조조 등 유력 장군들은 도성을 떠나 동쪽에서 반동탁 연합군을 결성하였다. 그러자 동탁은 대범하게도 서쪽 장안으로 천도를 결정하고 낙양 백성 수백만 명을 강제 이주시키는 것도 모자라 군대를 동원해 성 안팎의 광범위한 지역의 모든 집을 모조리 불태워버렸다. 민가는 물론 궁궐과 영모에 이르기까지 모조리 태워버려 낙양은 폐허가 되었다. 게다가 동탁은 여포에게 명을 내려 역대 황제의 능과 유력 귀족의 묘를 도굴해 수많은 부장품을 강탈하게 했다.

동탁 자신은 '태사'라는 최고 직위에 군림하고 일족을 우선 등용해 요직에 앉히고 아직 15살도 안 된 어린 손자와 손녀까지 양위군에 봉해 영지를 주는 등 성대한 취임식까지 거행하였다.

25 _ 원한은 덕으로 갚는다

큰 원한은 풀어도 반드시 원한이 남으니 어찌 이로써 잘했다고 할 수 있겠는가? 이 때문에 성인은 빚을 받을 문서를 갖고도 사람을 꾸짖지 않는다. 덕이 있는 자는 계약서를 관장하고 덕이 없는 자는 세금을 거두어들인다. 하늘의 도는 편애함이 없어 늘 착한 자와 함께 한다.

和大怨, 必有餘怨, 安可以為善.
화대원 필유여원 안하이위선
是以聖人執左契, 而不責於人.
시이성인집좌계 이불책어인
有德司契, 無德司徹.
유덕사계 무덕사철
天道無親, 常與善人.
천도무친 상여선인
_「도덕경 79장」

[역해]
· 화和 : 화해하다, 조화시키다
· 안安 : '어디, 어떻게'라는 뜻으로 쓰였다.
· 계契 : 계약서
· 사계司契 : 계약서를 관장하는 사람

· 여與 : '도와주다'라는 뜻으로 쓰였다.

· 철徹 : 거두어 들이는 세금을 말한다.

· 화대원和大怨 : 큰 원한을 조화시키다.

· 필유여원必有餘怨 : 반드시 원한을 조화시키다.

· 안하이선위安可以為善 : 어찌 잘했다고 할 수 있는가?

· 시이성인집좌계是以聖人執左契 : 이 때문에 성인은 계약서를 잡고 있다.

· 이불책우인而不責於人 : 하지만 사람을 꾸짖지 않다.

· 유덕사계有德司契 : 덕이 있는 자는 계약서를 관장한다.

· 무덕사철無德司徹 : 덕이 없는 자는 세금을 맡는다.

· 천도무친天道無親 : 하늘의 도는 친함이 없다(무정하다).

· 상여선인常與善人 : 늘 착한 사람을 도와주다.

[요지]

이번 장에서 노자는 통치자와 백성 사이의 모순을 논술하였다. 도덕은 만사 만물의 근본이므로 사람들이 능히 도를 중하게 여기고 덕을 받는다면 모든 일은 저절로 잘 되어간다고 말하고 있다.

조화로움을 만든 곽자의

당나라 대종代宗 때 토번족이 변방을 대거 침입했다. 대종은 옹왕을 대장군으로 삼고 곽자의를 부장군으로 임명해 함양으로 보내 적을 막게 했다. 이윽고 토번 군대가 당나라 도성인 장안으로 진격해왔다. 대종은 미처 군대를 소집할 겨를도 없어 급히 섬주로 도망갔다. 그때 상주에 도착한 곽자의가 병사 4천 명을 모아 죽기를 각오하고 싸워 토번족을 몰아내고 나라의 치욕을 씻어주었다. 그러자 그의 공로와 명성은 더 높아졌고 환관 어조은의 질투도 더 심해졌다. 어조은은 곽자의가 병권을 장악하고 있으면 우환이 될 수 있으니 그를 제거할 것을 대종에게 참소했지만 소용없었다. 도량이 넓은 곽자의는 어조은이 참소한 사실을 알면서도 그에 맞서지 않았다. 그러다 보니 어조은도 곽자의를 처치할 방법을 찾지 못했다.

얼마 후 토번이 다시 군대를 이끌고 쳐들어와 영주를 포위하였다. 이번에도 곽자의가 진압에 나서 적을 대패시켰고 그의 공로와 명성은 나날이 더해졌다. 그러자 곽자의 제거 음모가 번번이 실패한 어조은은 독기로 가득 찼다. 당시 죽은 자의 무덤을 파헤치는 짓은 사람을 죽이는 것보다 더 잔인한 행위로 같은 하늘 아래 함께 살 수 없는 원수라는 의미였다. 곽자의는 토번족을 진압하고 돌아오는 길에 어조은이 자신의 아버지 무덤을 파헤쳐 놓았다는 소식을 전해 들었다.

안사安史의 난이 겨우 진압된 후 잦은 내란과 외침, 계속된 자연재해로

당나라는 극히 피폐해져 있었다. 그 와중에 병권을 장악한 용감무쌍한 장군 곽자의와 황제의 최측근인 환관 두 호랑이 사이에서 전쟁이 일어날 상황이었다. 이 두 호랑이가 맞붙는다면 나라에 큰 타격을 입힐 것이 분명하였다. 백성들도 이 둘의 싸움이 큰 화를 불러 토번족이 다시 쳐들어올까 봐 벌벌 떨고 있었다. 하지만 막강한 병력과 권력을 쥔 곽자의는 나라의 병사들을 개인의 원한을 갚는 데 쓰지 않았다. 곽자의는 나라의 안정을 위해 아버지의 무덤을 파헤친 원한을 잠시 묻어두고 어조은과 힘겨루기를 하지 않았다. 곽자의가 대종을 알현하자 대종은 애도의 뜻을 표하며 그를 위로했다. 그는 고개를 숙이고 큰 소리로 울었다.

"신이 오랫동안 전쟁터를 누비느라 아비의 무덤도 제대로 관리하지 못하였습니다. 이에 하늘이 벌을 내려 제 아비의 무덤을 다른 사람이 파헤친 겁니다."

그렇게 당나라는 두 호랑이의 다툼이 끝을 맺었다. 곽자의가 황제로부터 상보尙父로 존중받으며 84살까지 장수할 수 있었던 것은 그의 넓고 어진 마음 덕분이었다.

26_노자의 이상국

　작은 나라, 적은 백성은 열과 백의 무기가 있어도 쓰지 않고 백성이 죽음을 중하게 여겨 멀리 옮기지 않게 한다. 배와 수레가 있어도 타지 않고 갑옷과 병기가 있어도 진열할 곳이 없다. 사람들은 다시 새끼로 매듭을 지어 이를 사용한다. 음식을 달게 먹고 옷을 아름답게 하고 사는 곳을 편하게 하고 풍속을 즐겁게 한다. 이웃나라가 서로 바라보이고 닭이 울고 개 짖는 소리가 서로 들려도 늙어 죽을 때까지 서로 왕래하지 않는다.

　小國寡民.

　소국과민

　使有什伯之器而不用 : 使民重死而不遠徙.

　사유십백지기이불용 사민중사이불원사

　雖有舟輿, 無所乘之, 雖有甲兵, 無所陳之.

　수유주여 무소승지 수유갑병 무소진지

　使人復結繩而用之.

　사인복결승이용지

　甘其食, 美其服, 安其居, 樂其俗.

　감기식 미기복 안기거 낙기속

　鄰國相望, 雞犬之聲相聞, 民至老死, 不相往來.

　인국상망 계견지성상문 민지노사 불상왕래

　_「도덕경 80장」

[역해]

· 십백지기什伯之器 : 열, 백 가지 무기

· 주여舟輿 : 배와 수레

· 갑병甲兵 : '무기, 장비'를 말한다.

· 복復 : 또다시

· 결승結繩 : 새끼로 매듭을 맺다

· 소국과민小國寡民 : 작은 나라, 적은 백성

· 사유십백지기이불용使有什伯之器而不用 : 열, 백 가지 무기가 있어도 쓰지 않다.

· 사민중사이불원사使民重死而不遠徙 : 백성이 죽음을 중하게 여겨 멀리 옮기지 않게 하다.

· 무소진지無所陳之 : 진열할 곳이 없다.

· 사인복결승이용지使人復結繩而用之 : 사람들에게 (문자 사용 이전처럼) 다시 새끼로 매듭지어 이를 사용하게 하다.

· 감기식甘其食 : 음식을 달게 먹다.

· 미기복美其服 : 옷을 아름답게 하다.

· 안기거安其居 : 사는 곳을 안전하게 하다.

· 낙기속樂其俗 : 풍속을 즐겁게 하다.

· 인국상망鄰國相望 : 이웃 나라를 서로 바라보다.

· 계견지성상문雞犬之聲相聞 : 닭이 울고 개 짖는 소리가 서로 들리다.

· 민지노사民至老死 : 백성이 늙어 죽을 때까지

· 불상왕래不相往來 : 서로 왕래하지 않다.

이번 장에서 노자는 자신의 이상국을 제시하였다. 즉, 인구가 적고 작은 나라, 백성이 편안히 살면서 즐겁게 일하는 나라를 노자는 이상국으로 보았다.

경전사례

작은 기쁨을 소중히 여긴 안회

하루는 공자가 제자 안회에게 물었다.

"회야! 가까이 오너라. 너는 집이 가난하고 지위도 없는데 어찌 벼슬을 하지 않느냐?"

그러자 안회가 대답했다.

"저는 벼슬을 바라지 않습니다. 제게는 성 밖에 50묘(畝:이랑) 밭이 있어 그것으로 죽 정도는 충분히 먹을 수 있습니다. 성안에도 10묘 밭이 있어 그것으로 무명이나 삼베 옷을 지을 수 있고 거문고를 연주하며 스스로 즐길 수 있고 선생님에게서 배운 도道로 스스로 즐길 수 있으니 저는 벼슬을 바라지 않습니다."

그러자 공자는 낯빛을 바꾸어 정색하고 말했다.

"훌륭하다. 네 생각은. 내가 듣기로 만족할 줄 아는 자는 이욕 때문에 자신을 구속하지 않고 스스로 깨달음이 있는 자는 이익을 잃어도 두려워하지 않으며 정신을 수양한 자는 지위가 없어도 부끄러워하지 않는다고 하

였다. 나는 이 말을 마음속에 새겨둔 지 오래되었다. 지금 네 말을 듣고 그
것이 실천되고 있다는 것을 알았구나. 이것이 나의 큰 깨달음이다."

戰爭論

제4편 전쟁론

01 _군대로 강하게 하지 않는다

도로써 사람의 주인을 보좌하는 자는 군대로 천하를 강(강제)하게 하지 않는다. 그럼 보복이 따르기 때문이다. 군대가 머물던 곳에는 가시덤불이 생기고 큰 전쟁이 일어난 후에는 반드시 흉년이 든다. 전쟁을 잘해 성공을 이루면 그것으로 끝내고 병력을 강대시키려고 하지 않는다. 목적을 이루고도 뽐내지 않고 자랑하지 않고 교만하지 않고 마지못해 한 것으로 하고 강한 척하지 않는다. 만물은 성하면 반드시 쇠하는 법이니 이를 일러 도에 어긋난다고 하는데 도에 어긋나면 일찍 끝난다.

以道佐人主者, 不以兵強天下.
이도좌인주자 불이병강천하

其事好還.
기사호환

師之所處, 荊棘生焉.
사지소처 형극생언

大軍之後, 必有凶年.
대군지후 필유흉년

善有果而已, 不敢以取強.
선유과이이 불감이취강

果而勿矜, 果而勿伐, 果而勿驕, 果而不得已, 果而勿強.
과이물긍 과이물벌 과이물교 과이부득이 과이물강

物壯則老, 是謂不道, 不道早已.

물장즉노 시위부도 부도조이

_「도덕경 30장」

[역해]

· 사師 : '군대'를 말한다.

· 대군大軍 : 큰 전쟁

· 과果 : 목적을 이루다

· 장壯 : 강성하다

· 이已 : 결속, 끝내다

· 기사호환其事好還 : 그 일은 되돌아오기(보복)를 잘한다.

· 사지소처師之所處 : 군대가 머문 곳

· 선유과이이善有果而已 : 전쟁을 잘해 성공한 것으로 끝내다.

· 불감이취강不敢以取強 : 병력을 감히 강대시키려고 하지 않다.

· 과이물긍果而勿矜 : 목적을 이루고도 뽐내지 않다.

· 과이물벌果而勿伐 : 목적을 이루고도 자랑하지 않다.

· 과이부득이果而不得已 : 목적을 이루고도 마지못해 한 것으로 하다.

· 과이물강果而勿強 : 목적을 이루고도 강한 척하지 않다.

· 물장즉노物壯則老 : 사물은 강성하면 노쇠한다.

· 시위부도是謂不道 : 이를 일러 도에 어긋난다고 한다.

· 부도조이不道早已 : 도에 어긋나면 일찍 끝난다.

[요지]

이번 장의 핵심사상은 '이루고도 강대시키지 않는다'다. 도로써 군주를 보좌하는 자는 강대함으로써 천하를 정복하려고 하지 않는 것은 무릇 전쟁은 승패를 불문하고 그 결과가 막대한 재난을 가져오기 때문이다. 그리고 진정한 완전완미는 나무에 과일이 열리듯이 자연적으로 성장하는 것이지 그 어떤 강박으로 이루어지는 것이 아니라고 노자는 논술하였다.

경 전 사 례

장기를 두면서 깨달은 장공

하루는 제 장공과 안자가 장기를 두었다. 초반에는 안자가 우세했지만 제 장공이 점점 우세해지며 결국 이겼다. 제 장공이 놀랍고도 의아해 안자에게 물었다.

"무엇 때문에 장기 솜씨가 그렇게도 못하는가?"

"장기를 두는 것과 나라를 다스리는 것은 같다고 봅니다. 지금 저는 재상의 중임을 담당하기 어렵습니다."라고 안자가 공손히 대답했다. 안자의 말을 들은 제 장공이 놀라자 안자는 말을 계속 이었다.

"근년 들어 임금께서 무장(군장)들을 편애해 그들에게 교오驕傲 정서를 가득 키워주어 백성을 억압하고 관리의 기강과 민풍이 점점 나빠지고 있습니다. 하나라와 상나라는 용사가 매우 많았지만 멸망을 피할 수 없었습니다. 하나라와 상나라의 멸망은 무력에만 의존하고 인정仁政을 실시하지 않으면 안 된다는 것을 우리에게 가르쳐주고 있습니다.”

제 장공은 그 말을 듣고 공경심에 안자에게 감사를 표했다.

· · ·

02_담담함이 상책이다

무릇 무기는 상서롭지 못한 물건이다. 모든 사람이 싫어하므로 도를 지닌 자는 이런 것에 마음을 두지 않는다. 군자는 평소 왼쪽을 귀하게 여기지만 군사를 쓸 때는 오른쪽을 귀하게 여긴다. 무기는 상서롭지 못한 물건이므로 군자가 쓸 것이 못 되지만 어쩔 수 없이 써야 할 때는 담담한 마음이 가장 좋을 것이다. 싸움에서 이기더라도 뽐내면 안 되며 만약 이를 아름답게 여긴다면 살인을 즐기는 것이다. 죽이기를 좋아하는 자는 천하에서 결코 큰 뜻을 이룰 수 없다. 길한 일에는 왼쪽을 높은 자리로 하고 흉한 일에는 오른쪽을 높은 자리로 한다. 이것은 (전쟁을) 장례식으로 여기라는 뜻이다. 수많은 사람을 죽였으니 애통한 마음으로 임하고 전쟁에서 승리해도 이것을 장례식으로 처리해야 한다.

夫兵者, 不祥之器, 物或惡之, 故有道者不處.
부병자 불상지기 물혹오지 고유도자불처

君子居則貴左, 用兵則貴右.

군자거즉귀좌 용병즉귀우

兵者不祥之器, 非君子之器, 不得已而用之, 恬淡爲上.

병자불상지기 비군자지기 부득이이용지 염담위상

勝而不美, 而美之者, 是樂殺人.

승이불미 이미지자 시락살인

夫樂殺人者, 則不可以得志於天下矣.

부락살인자 즉불가이득지어천하의

吉事尚左, 凶事尚右.

길사상좌 흉사상우

偏將軍居左, 上將軍居右, 言以喪禮處之.

편장군거좌 상장군거우 언이상례처지

殺人之衆, 以哀悲泣之, 戰勝以喪禮處之.

살인지중 이애비읍지 전승이상례처지

_『도덕경 31장』

[역해]

· 병兵 : '무기'를 말한다.

· 염담恬淡 : 담담하다

· 미美 : 아름답다, 좋다, 찬미하다

· 편장군偏將軍 : 부장군

· 상장군上將軍 : 주장군

· 불처不處 : 마음에 두지 않다, 무기를 쓰지 않다

· 물혹오지物或惡之 : 모두 싫어하다.

· 고유도자불처故有道者不處 : 그러므로 도를 지닌 자는 이것에 마음을 두지 않는다.

· 병자불상지기兵者不祥之器 : 무기는 상서롭지 못한 물건이다.

· 비군자지기非君子之器 : 군자의 물건이 아니다.

· 부득이이용지不得已而用之 : 부득이 이를 써야 할 때는

· 염담위상恬淡爲上 : 담담함이 최상이다.

· 승이불미勝而不美 : 승리하더라도 찬미하지 않는다.

· 이미지자而美之者 : 이를 아름답게 여기는 사람

· 시락살인是樂殺人 : 이는 살인을 즐기는 사람이다.

· 즉불가이득지어천하의則不可以得志於天下矣 : 천하의 큰 뜻을 얻을 수 없다.

· 언이상례처지言以喪禮處之 : 상례로써 이에 대처하는 것을 말한다.

· 이애비읍지以哀悲泣之 : 비애로써 이에 임하다.

· 전승이상례처지戰勝以喪禮處之 : 전쟁에서 승리해도 이것을 장례식으로 처리해야 한다.

[요지]

이번 장에서 노자는 전쟁의 도道를 논술하였다. 병장기는 흉기로 도를 지닌 자는 사용하지 않으며 도를 지키는 군자는 용병에서 인덕仁德이 천하에서 뜻을 이루지 못한다. 마지막에는 용병의 책략과 심리상태를 강조

해 인애의 덕이 천하에서 뜻을 이루는 전제 조건임을 설명하였다.

싸우지 않고 적을 이긴 장수

제나라 경공 때 내란이 빈번해 왕실의 권위가 약해졌다. 왕실 귀족들은 백성들에게 수탈을 일삼았고 걸핏하면 가혹한 형벌로 그 패악은 이루 말할 수 없었다. 이 혼란을 틈타 주변국들이 제나라를 공격했고 그때마다 제나라 군대는 패할 수밖에 없었다. 설상가상 군대를 통솔할 장군조차 없었다. 경공이 이를 염려하자 재상이던 안영晏嬰은 문무에 능통하고 지략이 뛰어난 전양저를 천거하였다.

전양저田穰苴는 치국평천하의 도를 품은 인물이었다. 그는 나라를 잘 다스리기 위해서는 예를 존중하고 겸손하고 백성의 고통을 잘 살피고 자신에게는 엄격하면서도 남에게는 관대하고 항상 인내할 것을 주장하였다. 또한, 군사들을 엄격히 통제하고 훈련시키되 자식처럼 아껴 전쟁이 발발하면 솔선수범해 앞장서도록 격려할 것을 주장하였다. 아울러 상벌을 내려 선행과 악행이 어떤 결과를 낳는지 스스로 판단하게 할 것을 주장하였다.

전양저는 제 경공에게 이렇게 말했다.

"소신은 미천한 신분으로 말단 군관이던 몸입니다. 하지만 하루아침에 대부에 오르게 되었으니 사람들이 제 명령에 복종하지 않을지 걱정입니다. 원하건대 군상君上께서 총애하시는 장고를 감군(군대를 감독하는 관직)으로 봉해주시길 청하옵니다."

전양저의 말이 일리 있다고 생각한 경공은 자신이 총애하는 신하인 장고를 감군으로 파견하였다. 전양저는 궁궐을 나오며 장고에게 정중히 말했다.

"내일 오시에 군영 입구에서 회합을 가질 것이니 그때 보시지요."

다음 날 아침 전양저가 먼저 군영에 도착하였다. 그는 병사들에게 나무를 세울 것을 명해 그 그림자를 보고 시간을 예측하게 했고 물시계를 만들어 시간을 가늠케 했다. 전양저는 장고가 도착하자마자 출병할 수 있도록 만반의 준비를 갖추었다. 그런데 장고는 원래 제 경공의 총애만 믿고 제멋대로 행동하던 자였다. 그런 그가 어찌 국가의 안위와 백성의 고통을 안중에 두겠는가.

장고는 장수와 병사들이 이미 모두 모였으니 감군인 자신은 급히 군영으로 갈 필요가 없다고 생각하였다. 게다가 전날 출영 소식을 듣고 환송 나온 친구와 실컷 술을 마신 탓에 전양저와의 약속시간을 까맣게 잊고 있었다. 군복을 갖추어 입은 전양저는 약속시간이 지났는데도 장고가 오지 않자 그의 집으로 사람을 보냈고 그제야 장고가 군영으로 왔다. 전양저는 군대 법관인 군정에게 물었다.

"장고는 약속한 시간까지 군영으로 오지 않았다. 이런 경우, 군법에서 어떻게 처벌하는가?"

"처형합니다."

전양저는 삼군이 지켜보는 가운데 군법대로 장고를 참수했다. 임금이 총애하는 신하를 단칼에 베자 여러 장수의 등골이 오싹해졌다. 전양저는 행군 도중 병사들의 음식과 잠자리를 직접 챙기는 것은 물론 우물 파는 방법 등 사소한 것까지 꼼꼼히 신경썼다. 그는 병사들이 너무 춥거나 덥지 않은지 물었고 병이 난 병사에게는 의원을 불러주고 약도 지어 주었다. 심지어 자신의 몫으로 나온 식량을 병사들에게 나누어 주고 밥도 함께 먹었다.

사흘 후 전양저는 군사를 정비하고 적에 맞서 싸울 준비를 했다. 그때 제나라 병사들은 사기가 충천해 병이 있는 병사들까지 적과 싸우게 해달라고 간청했다. 진나라 군대는 전양저가 이끄는 군대가 매우 질서정연하고 병사들의 사기가 충천하자 도저히 승산이 없다고 여기고 뿔뿔이 흩어져 달아나 버렸다. 그 소식을 들은 연나라 군대도 본국으로 회군하였다. 전양저는 여세를 몰아 적을 추격해 그동안 잃었던 제나라의 옛 영토를 회복하였다. 전양저는 싸우지 않고도 적을 이긴 장수로 칭할 만하다.

03_다투지 않는 덕

　잘하는 통수는 무력을 내세우지 않고 잘 싸우는 사람은 화내지 않으며 적과 싸워 잘 이기는 자는 교전하지 않고 남을 잘 부리는 자는 늘 아래에 있다. 이것을 다투지 않는 덕이자 사람을 잘 임용하는 능력이라고 하며 자연의 도리와 법칙과 잘 맞는 옛 표준의 극치라고 한다.

　　善爲士者, 不武:
　　선위사자 불무
　　善戰者, 不怒:
　　선전자 불노
　　善勝敵者, 不與:
　　선승적자 불여
　　善用人者, 爲之下.
　　선용인자 위지하
　　是謂不爭之德, 是謂用人之力, 是謂配天, 古之極.
　　시위부쟁지덕 시위용인지력 시위배천 고지극
　　_『도덕경 68장』

　[역해]
　·사士 : '통수, 집정자'를 말한다.
　·불무不武 : 무력을 행사하지 않다.

· 하下 : 여기서는 '겸손한 태도'를 말한다.

· 배천配天 : 자연의 도리와 법칙에 맞다.

· 극極 : '표준, 준칙'을 말한다.

· 선위사자善爲士者 : 장수(통수) 노릇을 잘하는 자

· 불여不與 : 교전하지 않다, 어울려 싸우지 않다.

· 선용인자善用人者 : 사람을 잘 부리는 자

· 시위부쟁지덕是謂不爭之德 : 이것을 다투지 않는 덕이라고 부른다.

· 시위배천是謂配天 : 이것을 자연의 도리와 법칙에 맞는 것이라고 부른다.

· 고지극古之極 : 옛 표준의 극치다.

[요지]

이번 장에서 노자는 '다투지 않는 덕'과 '용인 능력'을 논술하였다. 도의 법칙을 따르는 것이 최고의 효익이며 가장 완미한 행사방식이므로 이것을 '선한 덕'이라고 부른다.

> ### 경 전 사 례

완력이 아닌 지혜로 싸우다

초한전쟁 당시 항우의 용맹을 따를 장수는 없었다. 첫 전투에서 유방은 크게 패하고 유방의 아버지 태공과 여부인은 항우에게 사로잡히고 말았다. 유방과 항우의 군사는 광무산 계곡을 사이에 두고 대치 중이었다. 항우는 유방에게 1대1 맞대결을 벌일 것을 주장해 왔지만 유방은 힘이 아닌 지혜로 싸우며 항우의 죄상을 폭로하였다.

"항우, 듣거라! 네 놈은 신하의 몸으로 감히 초나라 의제를 살해하고 투항한 자를 죽이고 정치는 불공평하기 짝이 없고 스스로 약속한 것도 지키지 않았다. 도대체 이따위 대역무도가 이 세상천지에 네놈 말고 또 어디 있겠느냐!"

유방이 계곡을 사이에 두고 건너편에서 항우의 죄상을 이렇게 폭로하자 항우는 눈알이 다 튀어나올 정도로 화가 났다. 항우는 옆에 숨겨 두었던 석궁을 빼 들고 유방에게 쏘았다. 유방은 가슴에 경미한 상처를 입었지만 일부러 발끝을 쓰다듬으며 이렇게 외쳤다.

"이런 야만인을 보았나! 어른의 발바닥을 겨누다니!"

이 말을 들은 항우는 약이 오를 대로 올라 그 자리에서 펄펄 뛸 뿐이었다. 유방이 설전으로 항우를 완벽히 제압한 것이다. 성미가 단순한 항우는 불같은 분노가 가슴에 치밀어 올라 성채 위로 올라가 고래고래 소리지르며 싸움을 돋우었다. 그러자 유방은 비웃듯 대꾸했다.

"나는 차라리 지혜로 싸우겠다. 완력으로 싸우기는 싫다. 힘으로 싸우는 것은 어리석은 자들이나 할 짓이다!"

04_전쟁을 슬프게 여기는 자가 이긴다

병법에 "나는 싸움을 거는 주인이 아니라 싸움을 막는 손님이 될 것이며 감히 한 치를 나가지 않고 차라리 한 자를 후퇴하겠다."라는 말이 있다. 이것은 행렬 없이도 행군하고 팔이 없어도 걷어붙이고 적이 없어도 무찌르고 병기가 없어도 잡는 것이다. 화는 적을 가볍게 여기는 것보다 큰 것이 없고 적을 가볍게 여기면 나의 보배를 거의 잃게 되므로 군사를 일으켜 서로 더하면 전쟁을 슬프게 여기는 자가 이긴다.

用兵有言 : '吾不敢爲主, 而爲客 : 不敢進寸, 而退尺'.
용병유언 오불감위주 이위객 불감진촌 이퇴척
是謂行無行, 攘無臂 : 扔無敵 : 執無兵.
시위행무행 양무비 잉무적 집무병
禍莫大於輕敵, 輕敵幾喪吾寶.
화막대어경적 경적기상오보
故抗兵相若, 哀者勝矣.
고항병상약 애자승의
_『도덕경 69장』

[역해]

· 유언有言 : 이런 말이 있다

· 객客 : 전쟁 때 마지못해 '자위하는 자'를 말한다.

· 양攘 : 두 팔을 들다

· 잉扔 : '대항하다'라는 뜻이다.

· 기상오보幾喪吾寶 : 나의 보배를 거의 잃다

· 애자哀者 : 슬퍼하는 자

· 용병유언用兵有言 : 병법(군대를 움직임)에 이런 말이 있다.

· 오불감위주吾不敢爲主 : 나는 감히 주인이 되지 못한다.

· 이위객而爲客 : 손님(자위하는 자)이 되다

· 시위행무행是謂行無行 : 이를 '행렬 없이 행군하다'라고 부른다.

· 양무비攘無臂 : 팔뚝 없이 휘두르다.

· 잉무적扔無敵 : 적이 없어도 무찌르다.

· 집무병執無兵 : 병기가 없어도 잡다.

· 화막대우경적禍莫大於輕敵 : 화는 적을 가볍게 여기는 것보다 큰 것이 없다.

· 경적기상오보輕敵幾喪吾寶 : 적을 가볍게 여기면 나의 보배를 거의 잃게 된다.

· 고항병상약故抗兵相若 : 그러므로 접전을 벌이는 군대가 서로 비등하다.

· 애자승의哀者勝矣 : 슬퍼하는 자가 이기다.

[요지]

이번 장에서 노자는 용병의 비결이 감히 주동이 되지 않고 피동적인 입장이 되어 적이 먼저 공격하게 해놓고 부득이 대항하는 입장, 그리고 공격보다 물러서기, 적을 가볍게 보지 않기, 전쟁 자체를 희대의 재앙으로 여겨 슬퍼하는 마음가짐을 근본으로 할 것을 논술하였다.

유리한 기회를 찾기 위한 후퇴

춘추시대 중원 패권 싸움에서 초 성왕은 장군 자옥에게 군사를 이끌고 북상해 진晉나라를 공격하게 했다. 또한, 진陳나라, 채나라, 하나라 등 4개 국가와 연합작전을 벌일 것을 명하였다. 이때 진 문공이 초나라의 속국인 조나라를 점령하자 진나라와 초나라는 일촉즉발의 전쟁위기가 고조되었다.

진 문공은 초나라 장군 자옥이 군사를 이끌고 쳐들어온다는 소식을 접하고 초나라는 강하고 진나라는 약하므로 차라리 뒤로 물러나 기회를 엿보는 것이 낫다고 생각했다. 그리고 진 문공은 즉위 전 망명 시절 초나라에 머물 때 초왕이 자신에게 우호적으로 환대해준 것을 생각하였다.

"과거 나는 내가 진나라로 돌아가면 초나라와 영원히 우호적으로 지낼 것이며 진과 초가 교전하면 내가 먼저 후퇴하겠다고 초왕과 약속했다. 오늘 자옥이 초나라 군대를 이끌고 온다니 나는 그 약속을 지킬 것이다."라고 말하고 진나라 군대를 90리나 후퇴시켰다. 그러자 자옥은 진나라 군대가 후퇴한 것을 알고 추격하였지만 진 문공은 강력한 초나라 군대에 맞서기 위해 철저한 준비를 해두었다.

드디어 자옥이 병사들을 출동시켜 진나라 군대를 공격하려고 하자 진나라 군대의 기습전 개시에 초나라 군대는 대경실색해 산지사방으로 흩어졌다. 그렇게 진나라는 초나라를 대패시켰다. 초나라 장군 자옥은 겨우 목숨을 건지고 남은 병사들을 이끌고 초나라로 도망쳤다. 진 문공이 후퇴한 것은 작전상 후퇴로 유리한 기회를 찾고 승리할 조건을 조성하기 위한 것이었다. 때때로 후퇴는 더 훌륭한 전진과 새로운 승리를 위한 것이다.

貶
論

제5편 폄론

01 _대도와 인의

큰 도가 무너지니 인의가 생기고 지혜가 나오고서 큰 거짓이 생기고 육친이 화목하지 못하니 효도와 자애가 생기고 국가가 혼란스러우니 충신이 생긴다.

大道廢, 有仁義:
대도폐 유인의
慧智出, 有大僞:
혜지출 유대위
六親不和, 有孝慈:
육친불화 유효자
國家昏亂, 有忠臣.
국가혼란 유충신
_『도덕경 18장』

[역해]

·대도大道 : 노자의 이상적 사회의 최고 원칙

·의義 : 적합한 도덕, 도리와 행위

·대위大僞 : 큰 거짓, 억지로 꾸미는 것

·효자孝慈 : 부모에 대한 자식의 효도와 자식에 대한 부모의 사랑

·혜지출慧智出 : 지혜가 나오다.

·국가혼란國家昏亂 : 국가가 혼란하다.

·유충신有忠臣 : 충신이 생기다.

[요지]

이번 장에서 노자는 '대도'가 성행하면 인의는 자연적으로 사람들의 행위에 존재하므로 인위적으로 강조할 필요가 없지만 사회질서가 문란하고 대도가 결핍되면 인의도 사라지고 인위적으로 강조하게 된다고 논술하였다.

경전사례

잔혹한 왕

수나라 개국공신 오건장은 지극한 효도로 충효왕에 봉해졌다. 수 문제 말년 진나라 왕 양광은 황위를 빼앗고 아버지를 핍박하고 큰형을 죽게 하고 공신들을 잔혹하게 살해해 조정에 큰 혼란을 일으켰다. 많은 대신이 분노했지만 감히 말하지 못하고 있었다. 다만, 혈기왕성하고 의협심이 강한 오건장은 양광이 천자의 자리에 오르는 즉위식 날 부모의 상복을 입고 손에는 상주 지팡이를 짚고 조정에 들어가 새 황제를 배알하였다.

오건장은 즉위식에서 통곡하는 한편, 새 황제 양광의 죄상을 분노하며 꾸짖었다. 이에 노발대발한 양광이 오건장을 끌어낼 것을 명령했지만 오건장이 멈추지 않자 양광은 오건장의 이빨을 뽑아내고 혀를 잘랐다. 그제야 오건장은 말하지 못하게 되었다.

02_실속을 취하고 화려함을 버리다

고상한 덕은 덕이라고 하지 않으니 그런 까닭으로 덕이 있으며 하등의 덕은 덕을 잃지 않고자 하니 그런 까닭으로 덕이 없다. 고상한 덕은 함이 없으면서 이로써 함으로 여기지 않고 덕이 낮은 자는 함이 없어도 함으로 여긴다. 고상한 어짊은 이를 하면서 이로써 함으로 여기지 않고 고상한 의로움은 이를 하면서 이로써 함으로 여기며 고상한 예는 이를 해 응하지 않으면 소매를 걷어 올리며 잡아끈다. 그러므로 도를 잃은 뒤에 덕이 있고 덕을 잃은 뒤에 어짊이 있고 어짊을 잃은 뒤에 의로움이 있고 의로움을 잃은 뒤에 예가 있다. 대저 예는 충심과 신의가 엷어진 것이자 어지러움의 시작이다. 앞을 내다보는 것은 빛나는 것이지만 어리석음의 시초다. 그런 까닭에 대장부는 후한 데 머물고 박한 데 머물지 않으며 실속에 머물고 화려함에 머물지 않는다. 그래서 저것을 버리고 이것을 취한다.

上德不德, 是以有德:
상덕부덕 시이유덕

下德不失德, 是以無德.
하덕부실덕 시이무덕

上德無爲而無以爲 : 下德爲之而有以爲.
상덕무위이무이위 하덕위지이유이위

上仁爲之而無以爲 : 上義爲之而有以爲.
상인위지이무이위 상의위지이유이위

上禮爲之而莫之應, 則攘臂而扔之.

상례위지이막지응 즉양비이잉지

故失道而後德, 失德而後仁, 失仁而後義, 失義而後禮.

고실도이후덕 실덕이후인 실인이후의 실의이후례

夫禮者, 忠信之薄, 而亂之首.

부례자 충신지박 이란지수

前識者, 道之華, 而愚之始.

전식자 도지화 이우지시

是以大丈夫處其厚, 不居其薄:

시이대장부처기후 불거기박

處其實, 不居其華.

처기실 불거기화

故去彼取此.

고거피취차

_『도덕경 38장』

[역해]

·무이위無以爲 : 일부러 하지 않다

·잉지扔之 : 무리하게 끌어당기다

·전식前識 : 미리 살펴 아는 것, 선견지명

·화華 : 화려하다

·실實 : 실속

· 시이유덕是以有德 : 이런 까닭에 덕이 있다.

· 하덕부실덕下德不失德 : 덕이 낮으면 덕을 잃지 않으려고 한다.

· 상덕무위이무이위上德無爲而無以爲 : 고상한 덕은 함이 없으면서 이로써 함으로 여기지 않는다.

· 하덕위지이유이위下德爲之而有以爲 : 낮은 덕은 함이 없더라도 이로써 함으로 여긴다.

· 상인위지이무이위上仁爲之而無以爲 : 고상한 어짊은 이를 하면서 이로써 함으로 여기지 않는다.

· 상의위지이유이위上義爲之而有以爲 : 고상한 의로움은 이를 하면서 이로써 함으로 여긴다.

· 상례위지이막지응上禮爲之而莫之應 : 고상한 예는 이를 하면서 이에 응하지 않는다.

· 즉양비이잉지則攘臂而扔之 : 소매를 걷어 올리며 잡아끌다.

· 고실도이후덕故失道而後德 : 그러므로 도를 잃은 뒤에 덕이 있다.

· 부례자夫禮者 : 대저 예는

· 충신지박忠信之薄 : 충성과 신의가 엷어지다.

· 이란지수而亂之首 : 혼란의 시작이다.

· 전식자前識者 : 앞을 내다보는 것

· 도지화道之華 : 도의 화려한 것

· 이우지시而愚之始 : 어리석음의 시작이다.

· 시이대장부처기후是以大丈夫處其厚 : 그러므로 대장부는 후한 데 머문다.

· 불거기화不居其華 : 화려함에 머물지 않다.

· 고거피취차故去彼取此 : 그러므로 저것을 버리고 이것을 취하다.

[요지]

이번 장에서 노자는 인류의 정신을 도道로부터 덕德에 이르게 하고 인仁에 이르게 하고 예禮에 이르게 하는 것은 하나의 퇴화 과정이라고 주장하였다. 이것이 아래로 점점 내려갈수록 인위人爲적인 조작이 많아지고 도와 점점 멀어진다고 논술하였다.

경 전 사 례

자신의 본성을 지킨 우성룡

청나라 초기 '천하의 가장 청렴한 관리'로 소문이 자자했던 우성룡于成龍은 나성의 지현으로 있던 때를 제외하면 모두 부유한 지역에서 요직을 담당하였다. 그런 곳이라면 마음만 먹으면 얼마든지 부를 축적할 수 있었지만 우성룡은 그렇게 하지 않았고 오랫동안 관직에 있으면서 가족을 부임지로 데려가지 않고 늘 가재도구 몇 개만 챙겨 혼자 갔다.

관직이 순무에 이르자 우성룡은 관리들의 '화모火耗'를 엄격히 금지하고 명을 어긴 자들을 파직시켜 큰 파장을 일으켰다. 또한, 자신의 막강한 힘과 특수한 신분을 이용해 백성에게 횡포를 일삼던 팔기군을 막기 위해 보갑을 편성했다. 이를 통해 직접 백성을 살피고 법을 어긴 자는 중벌로 다스렸다. 늘 백성의 고통을 살펴 흉년이 들면 조정에 구휼을 요청해 공평하게 분배해 주었다. 우성룡은 강남, 강서 총독으로 있으면서 그곳의 여러 폐단을 근절하고 민생을 안정시키는 데 온 힘을 쏟았다. 그 지역의 풍속을 알아보기 위해 늘 평복 차림으로 이곳저곳을 방문한 것은 미담으로 전해지고 있다. 우성룡은 청렴하고 소박한 생활습관을 강조하며 휘하 관리들에게 이렇게 말했다.

"돈을 너무 좋아하면 자손이 글공부를 아무리 많이 하더라도 크게 되지 못한다. 또한, 귀신이 노해 눈이 먼 자식을 낳게 할 것이다. 내 말을 흘려듣지 말라."

당시 강남에는 사치스럽고 호화로운 생활 풍조가 만연했지만 그는 고위 관직에 있으면서도 무명옷을 입었다. 노년에도 한결같은 소박한 생활로 매일 채소만 먹을 뿐 고기와 생선은 거의 입에 대지 않아 사람들은 그에게 '우채소'라는 별명을 지어 주었다. 그는 오랫동안 관직에 있으면서 백성을 보살폈지만 정작 자신의 가족은 제대로 돌보지 못했다. 모친이 돌아가실 때도 강남·강서 총독이라는 직책 때문에 고향에서 장례를 마치자마자 부임지로 돌아가야만 했다.

1684년 우성룡은 68살의 나이로 세상을 떠났다. 그의 유품은 대나무 상자 안의 옷 몇 벌과 식기 몇 개가 전부였다. 그의 사망 소식이 알려지자 백성들은 거리로 뛰어나와 통곡했고 집집마다 그의 제사를 마련했다. 강희제도 슬퍼하며 그의 비문을 손수 지어 주었다. 고위직에 있으면서 국사에 힘쓰고 백성을 돌보고 평생 청렴하고 검소한 생활을 한 우성룡이야말로 '자신의 본성을 지켜 사사로운 욕심을 줄이고 과욕을 부리지 말라.'라는 노자의 가르침을 실천한 인물이다.

03_대도를 행하다

나는 조금이라도 아는 것이 있다면 대도를 행할 때 오직 그릇된 길로 들까 봐 두렵다. 대도는 매우 평탄하지만 사람들은 지름길을 좋아한다. 조정은 잘 정리되어 있지만 밭에는 잡초가 무성하고 창고는 비었는데 비단옷을 걸쳐 입고 칼을 차고 음식은 질리도록 먹고 재물이 남아도는 것은 도둑질을 자랑하는 것이니 도가 아니다!

使我介然有知, 行於大道, 唯施是畏.
사아개연유지 행어대도 유시시외

大道甚夷, 而人好徑.
대도심이 이인호경

朝甚除, 田甚蕪, 倉甚虛:
조심제 전심무 창심허

服文綵, 帶利劍, 厭飮食, 財貨有餘:
복문채 대리검 염음식 재화유여

是謂盜夸.
시위도과

非道也哉.
비도야재

_『도덕경 53장』

· 개연介然 : 매우 적은 모양

· 대도大道 : 큰 길. '광명정대한 길'을 말한다.

· 제除 : 잘 수리하다, 잘 다스리다, 잘 정리되다

· 복문채服文綵 : 화려한 옷

· 염厭 : 배불리 먹고 한껏 마시다

· 도과盜夸 : 도둑질을 자랑하다

· 유시시외唯施是畏 : 오직 그릇된 길로 들까 봐 두렵다.

· 대도심이大道甚夷 : 큰길은 매우 평탄하다.

· 이인호경而人好徑 : 사람들은 지름길로 가는 것을 좋아한다.

· 조심제朝甚除 : 조정(왕궁)은 잘 정리되어 있다.

· 전심무田甚蕪 : 밭에는 잡초가 무성하다.

· 창심허倉甚虛 : 창고는 텅 비어 있다.

· 복문채服文綵 : 비단옷을 걸쳐 입다.

· 대리검帶利劍 : 날카로운 칼을 차다.

· 염음식厭飮食 : 음식을 질리도록 한껏 먹다.

· 재화유여財貨有餘 : 재물이 남아 돌다.

· 시위도과是謂盜夸 : 이는 도둑질을 자랑하는 것이다.

· 비도야재非道也哉 : 이는 도가 아니다.

[요지]

이번 장에서 노자는 '도'를 중점적으로 논술하였다. 즉, 대도와 상반되는

'샛길'을 설명해 '대도'의 중요성을 드러냈다.

탐욕에 눈이 멀다

전국시대 각 제후국 사이에서는 토지를 강탈하려는 전쟁이 빈번했다. 진나라의 명장 백기白起는 한나라를 공격해 한나라의 야왕 지역을 점령했다. 한편, 야왕 지역과 인접한 상당지역 관리는 양왕이 진나라에 매우 쉽게 무너지는 것을 보고 상당 땅도 지키기 어려울 것이 걱정되자 조나라에 서신을 보내 귀순 의사를 표하고 조나라에 보호를 청했다.

조나라 군신들은 상당의 귀순 문제를 두고 치열한 논쟁을 벌였고 평원군 조승은 이렇게 말했다.

"상당처럼 넓은 땅을 우리가 군사력을 동원하지 않고 차지할 수 있는데 마다할 이유가 무엇인가?"

"공을 들이지 않고 쉽게 얻으면 화근이 될 수 있다."

하지만 조왕은 눈앞의 이익에만 눈이 멀어 평원군을 파견해 상당을 조나라 영토에 편입시켰다. 이 사실을 알게 된 진나라는 조나라가 자신에게 맞선다고 판단하고 백기에게 대군을 이끌고 조나라를 공격하게 했다. 결국 조나라 40만 대군은 진나라에게 전멸당하고 수도 한단까지 포위당하는 대위기를 맞았다. 이에 평원군은 초나라로 가 조나라와 연합해 진나라에 대항할 것을 설득했고 초나라의 지원병 도움으로 수도 한단이 함락당

할 위기를 겨우 모면했다. 조나라 왕과 평원군은 상당 땅을 쉽게 차지할 욕심에 조나라가 멸망 당할 위기를 겪은 것이다. 조나라의 실패는 탐욕과 지름길에 눈이 멀어 발생한 필연적인 결과였다.

· · ·

04_백성은 죽음을 두려워하지 않는다

백성이 죽음을 두려워하지 않으니 어찌 죽음으로서 두렵게 하겠는가? 백성이 죽음을 두려워하며 기이한 일을 하는 자를 내가 잡아 죽일 수 있지만 감히 어찌하겠는가? 오직 죽이는 것만 맡은 자를 대신해 죽이는 것을 목수가 대신 찍는다고 말한다. 오직 목수가 대신 찍는다면 그 손이 상하지 않을 자가 드물다.

民不畏死, 奈何以死懼之.
민불외사 내하이사구지
若使民常畏死, 而爲奇者, 吾得執而殺之, 孰敢, 常有司殺者殺.
약사민상외사 이위기자 오득집이살지 숙감 상유사살자살
夫代司殺者殺, 是謂代大匠斲 : 夫代大匠斲者, 希有不傷其手矣.
부대사살자살 시위대대장착 부대대장착자 희유불상기수의
_『도덕경 74장』

[역해]

· 기奇 : 기이하다. 여기서는 '사악하다'라는 뜻으로 쓰였다.

· 사살자司殺者 : 형벌을 맡아 다스리는 사람. 여기서는 인간의 생사를 맡은 '하늘의 도와 자연'을 말한다.

· 대장大匠 : 장인의 수령, 즉 목수를 말한다.

· 착斲 : 찍다, 깎다

· 희希 : 매우 적다

· 민불외사民不畏死 : 백성은 죽음을 두려워하지 않는다.

· 내하이사구지奈何以死懼之 : 어찌 죽음으로써 두렵게 하겠는가?

· 약사민상외사若使民常畏死 : 만약 백성이 늘 죽음을 두려워한다면

· 이위기자而爲奇者 : 기이한 일을 하는 자가 있다.

· 오득집이살지吾得執而殺之 : 내가 잡아 죽일 수도 있다.

· 숙감孰敢 : 어찌 감히 하겠는가.

· 상유사살자살常有司殺者殺 : 늘 죽이는 일을 맡은 자만 죽일 수 있다.

· 부대사살자살夫代司殺者殺 : 오직 누군가가 그를 대신해 죽이다.

· 시위대대장착是謂代大匠斲 : 이것을 목수를 대신해 찍는다고 말한다.

· 부대대장착자夫代大匠斲者 : 오직 목수를 대신해 찍는 자가 있다.

· 희유불상기수의希有不傷其手矣 : 그 손이 상하지 않을 자가 드물다.

[요지]

이번 장에서 노자는 형벌을 가하는 권력의 정치를 논술하였다. 형벌은

하늘의 자연스러운 도에 맡겨야지 권력을 제멋대로 휘둘러 백성을 위협하는 형벌의 도끼를 사용하면 그것 때문에 다치는 사람은 오히려 '도끼'를 휘두른 자신이라고 설명하였다.

백기의 비참한 죽음

백기가 진나라로 돌아오자 진 소왕은 백기를 대장군에 임명해 한단을 공격하게 했지만 백기는 출전을 거부했다. 진 소왕은 백기에게 간청했지만 심통이 난 백기는 듣지 않았다.

"진나라에 장수가 백기만 있는 것은 아니다!"

진 소왕은 대로해 왕홀을 대장군에 임명해 한단으로 출정시켰다. 왕홀은 10만 대군을 거느리고 한단을 대대적으로 공격했지만 조나라의 최고 명장 염파가 이끄는 조나라 군대를 격파할 수 없었다. 결국 진나라 10만 대군은 전멸당하고 왕홀은 겨우 목숨을 건져 진나라로 돌아왔다. 백기는 왕홀이 대패하고 돌아온 것을 고소하게 생각했다.

"나라의 장수가 자신의 군대가 패한 것을 기뻐하다니 이는 반역과 같다."라고 생각한 진 소왕은 백기를 일개 병사로 강등시켰다. 수십만 대군을 호령해 조나라 40만 대군을 격파해 쟁쟁한 명성을 떨친 백기는 일개 군졸이 되고 말았다.

조나라를 비롯해 한, 위, 초 등 제후국들은 진나라의 침략에 시달리다가 연합해 일제히 진나라를 공격하기 시작했고 연합군의 공격을 받은 진나라는 연전연패하며 퇴각하게 되었다. 한편, 진 소왕은 백기를 수도 함양에서 추방했다.

"나는 진나라를 위해 목숨 바쳐 충성을 다했는데 일개 병사로 강등한 것도 모자라 수도에서 추방까지 하는구나. 대왕이 대장군을 가볍게 여기니 반드시 이롭지 않을 것이다."

백기는 진 소왕을 원망하며 함양을 떠났고 강대한 진나라는 함곡관까지 쫓겨 밀려났다. 위급함을 알리는 사자가 수도 함양으로 쏜살같이 달려왔다.

"백기는 함양에서 추방당하면서 불만을 토로했습니다. 백기가 우리를 배신하고 다른 나라로 가면 큰 위협이 될 것이니 그를 보내면 안 됩니다." 라고 범수가 진 소왕에게 아뢰었다.

"백기에게 자결을 명하라."

진 소왕은 백기에게 검을 보내 자결을 명했다. 백기는 진 소왕이 보낸 칼을 받고 비통해했다.

"아! 내가 무슨 죄를 지었기에 함양에서 추방당하고 이제는 자결까지 하라는가?"

백기는 하늘을 우러러 통곡하더니 고개를 끄덕였다.

"나는 죽어 마땅한 몸이다. 장평에서 항복한 조나라 40만 대군을 학살했으니 하늘이 벌을 내리는 것이다."

백기는 죽을 때가 되어서야 후회하고 스스로 칼을 들어 자결했다. 백기가 자결하자 진나라의 많은 백성은 그가 억울하게 죽었다며 집집마다 그의 제사를 지내고 향리마다 추모했다.

05_백성은 죽음을 가볍게 여긴다

 백성이 굶주리는 것은 그 위에서 세금을 많이 빼앗아 먹기 때문이다. 백성을 다스리기 힘든 것은 그 위에서 하는 것이 있기 때문이다. 백성이 죽음을 가볍게 여기는 것은 그 위에서 풍족하게 살려고 하기 때문이다. 오직 삶으로써 하는 바가 없는 것이 삶을 귀하게 여기는 것보다 현명하다.

> 民之饑, 以其上食稅之多, 是以饑.
> 민지기 이기상식세지다 시이기
> 民之難治, 以其上之有爲, 是以難治.
> 민지난치 이기상지유위 시이난치
> 民之輕死, 以其求生之厚, 是以輕死.
> 민지경사 이기구생지후 시이경사
> 夫唯無以生爲者, 是賢於貴生.
> 부유무이생위자 시현어귀생
> _『도덕경 75장』

[역해]

· 상上 : '통치자'를 말한다.

· 유위有爲 : 인위적인 조작

· 경輕 : 가볍다

· 구생求生 : 양생하다, 살려고 하다

· 현賢 : ~보다 좋고 초과하다

· 무이생위無以生爲 : 살려고 함이 없다.

· 민지기民之饑 : 백성이 굶주리다.

· 이기상식세지다以其上食稅之多 : 그 위에서 세금을 많이 먹다.

· 시이기是以饑 : 이 때문에 굶주리다.

· 민지난치民之難治 : 백성을 다스리기 어렵다.

· 이기상지유위以其上之有爲 : 그 위에서 하는 바가 있다.

· 이기구생지후以其求生之厚 : 그 위에서 풍족하게 살려고 하다.

· 시이경사是以輕死 : 이 때문에 죽음을 가볍게 여기다.

· 부유무이생위자夫唯無以生爲者 : 오직 삶으로써 하는 바가 없다.

· 시현어귀생是賢於貴生 : 삶을 귀하게 여기는 것보다 현명하다.

[요지]

이번 장에서 노자는 '무위의 다스림'의 좋은 점과 중요성을 논술하였다. '무위'는 하나의 큰 원칙이자 좋은 방법이고 운용의 구체적인 내용이라고 논술하였다.

제왕은 백성을 위해 근심한다

당나라 태종은 늘 대신들과 함께 정사를 논의하였다. 당 태종은 대신들에게 이렇게 말했다.

"수나라 양제가 보위에 있을 때 미녀들과 진주 보석으로 가득 찼는데도 만족할 줄 모르고 늘 동서남북으로 분주히 다니며 재물을 긁어모으자 백성들은 질곡에서 허덕이고 오래 안 가 수나라는 멸망하고 말았다. 내가 아침부터 저녁 늦게까지 정사에 바쁜 것은 오직 천하가 태평하고 백성이 편하게 살면서 즐겁게 일하도록 하기 위해서다. 나라를 다스리는 것은 나무를 심는 것과 같으므로 뿌리가 흔들리지 않아야 무성하게 자랄 수 있다. 제왕이 백성을 위해 근심한다면 백성이 편안하게 지내고 일하는 것이 어찌 즐겁지 않겠는가?"

대신들은 태종의 말을 듣고 백성을 위해 일하는 것이 얼마나 중요한지 깨달았다.

06_현명함을 드러내지 않는다

하늘의 도는 활시위를 당기는 것과 같지 않은가? 높으면 내리누르고 낮으면 치켜 올리고 남으면 덜어내고 모자라면 보탠다. 하늘의 도는 남음이 있는 것을 모자라는 것에 보태는데 인간의 도는 그렇지 못해 모자라는 것을 덜어 남음이 있는 것에 바친다. 누가 여유가 있어 능히 천하에 바치는가? 오직 도가 있는 사람이다. 이 때문에 성인은 하고도 내세우지 않고 공을 이루고도 머물지 않으며 그 어짊을 드러내지 않는다.

天之道, 其猶張弓與.

천지도 기유장궁여

高者抑之, 下者擧之 : 有餘者損之, 不足者補之.

고자억지 하자거지 유여자손지 부족자보지

天之道, 損有餘而補不足.

천지도 손유여이보부족

人之道, 則不然, 損不足以奉有餘.

인지도 즉불연 손부족이봉유여

孰能有餘以奉天下, 唯有道者.

숙능유여이봉천하 유유도자

是以聖人爲而不恃, 功成而不處, 其不欲見賢.

시이성인위이불시 공성이불처 기불욕견현

_『도덕경 77장』

[역해]

· 여與 : 의문사로 쓰였다.

· 인지도人之道 : 사회의 법칙

· 시恃 : 믿다, 의지하다

· 처處 : 향유하다, 점유하다

· 견見 : '표현하다'라는 뜻으로 쓰였다.

· 기유장궁여其猶張弓與 : 그것은 활시위를 당기는 것과 같지 않은가?

· 고자억지高者抑之 : 높으면 내려 누르다.

· 하자거지下者擧之 : 낮으면 치켜 올리다.

· 유여자손지有餘者損之 : 남으면 덜어내다.

· 부족자보지不足者補之 : 부족하면 거기에 보태다.

· 즉불연則不然 : 그렇지 못하다.

· 손부족이봉유여損不足以奉有餘 : 모자라는 것을 덜어내 남음이 있는 곳에 바치다.

· 숙능유여이봉천하孰能有餘以奉天下 : 누가 여유가 있어 능히 천하에 바치는가?

· 유유도자唯有道者 : 오직 도가 있는 사람

· 시이성인위이불시是以聖人爲而不恃 : 이 때문에 성인은 하고도 내세우지 않는다.

· 공성이불처功成而不處 : 공을 이루고도 거기에 머물지 않다.

· 기불욕견현其不欲見賢 : 그 어진 것을 드러내지 않다.

[요지]

이번 장에서 노자는 하늘의 법칙은 남는 것을 덜어내고 모자라는 것은 보태는 것인데 인류사회의 정형은 이와 반대로 모자란 것에서 덜어내 충족한 것에 바치고 심지어 봉양까지 한다고 천명하였다.

경전사례

자신의 현명함을 드러내지 않다

춘추시대 초나라 사람 범려는 월왕 구천이 패자가 되도록 그를 한결같이 보좌한 공로를 인정받아 상장군에 봉해졌지만 명예와 부귀에 연연하지 않았다. 충성과 신의로 자신을 희생해가며 구천이 대업을 이루는 데 큰 공을 세웠지만 더이상 바라지 않았다. 범려는 구천에게 상서를 올리고서 몰래 배에 올라 구천에게 하직 인사도 안 하고 월나라를 떠났다.

범려는 제나라에 도착한 후 성과 이름을 바꾸고 나랏일은 신경 쓰지 않고 자식들과 함께 농사일만 하며 지냈다. 그렇게 생활한 지 얼마 안 가 그의 재산은 수천 금으로 불어났다. 제나라 사람들이 그의 소문을 듣고 그에게 재상의 자리에 앉을 것을 청했다. 재상이 된 범려는 이후 "재산은 천금에 달하고 관직은 재상에 달하니 이는 극치에 도달한 것이다. 오랫동안 돈과 명예를 쥐고 있으면 좋을 것이 없다"라고 말하고 재상의 인장을 조정에 반납하고 재산은 여러 사람에게 나누어 준 후 식솔과 약간의 재물만 가지고 제나라를 떠나 도 지방으로 가 이름을 바꾸고 은둔생활을 했다. 범려는 도 지방에 정착한 지 19년 만에 다시 천하제일의 부자가 되자 또다시 많은 재물을 여러 사람에게 나누어 주고 도 지방을 떠나 태호를 유랑하며 세상의 구속에서 벗어나 여생을 보냈다.

修身論

제6편 수신론

재산을 아는 자는 빨리하고 자산을 아는 자는 경쾌하며 자신의 의거를 잃지 않는 자는 영원하다.

01 _자신을 완성하려면

천지는 장구하다. 하늘과 땅이 영원장구한 것은 자신 스스로 살려고 하지 않기 때문이다. 그래서 성인은 뒤로 물러나도 결국 앞서고 자신을 돌보지 않지만 결국 잘 보존하게 된다. 이는 사사로운 마음이 없어 자신을 능히 완성할 수 있는 때문이다.

天長地久.

천장지구

天地所以能長且久者, 以其不自生, 故能長生.

천지소이능장차구자 이기불자생 고능장생

是以聖人後其身而身先, 外其身而身存.

시이성인후기신이신선 외기신이신존

以其無私, 故能成其私.

이기무사 고능성기사

_『도덕경 7장』

[역해]

· 외外 : 이 밖에 있다

· 자생自生 : 스스로 살다

· 후기신後其身 : 자신의 몸(이익)을 뒤로 하다

· 외기신外其身 : 자신의 몸(이익)을 버리다, 밖으로 하다

· 천지소이능장차구자天地所以能長且久者 : 우주는 영원히 오랫동안 지속될
  수 있다.

· 이기불자생以其不自生 : 스스로 살려고 하지 않다.

· 고능장생故能長生 : 그래서 오래 산다.

· 시이성인후기신이신선是以聖人後其身而身先 : 이 때문에 성인은 자신이 뒤
  로 물러나도 결국 앞선다.

· 외기신이신존外其身而身存 : 몸을 돌보지 않고(밖으로 해도) 결국 잘 보존하다.

· 이기무사以其無私 : 사사로운 마음이 없다.

· 고능성기사故能成其私 : 그래서 자신을 완성할 수 있는 것이다.

[요지]

이번 장에서 노자는 천지가 영원장구하게 존재하고 운행하고 변화하는
것은 모두 자신만 살려고 하지 않기 때문이라고 논술하였다.

경 전 사 례

하 왕조를 수립한 우왕

요 임금이 죽고 순 임금이 즉위했다.

"치수에 능한 사람을 추천하라. 홍수를 해결한다면 그에게 높은 관직을
주리라!"

순 임금의 말에 모든 신하가 요 임금 시절 치수를 맡았던 곤의 아들 우

를 추천했다. 아버지 곤이 치수의 공을 세우지 못하고 벌을 받은 데 무척 가슴 아파했던 우는 이 기회에 아버지의 공을 대신 세워주겠다고 다짐했다. 그렇다고 아버지를 죽인 순 임금을 원망한 것은 아니었다. 아버지가 치수를 못해 죽은 것이니 당연하게 생각했다.

드디어 우는 순 임금의 명을 받들어 치수사업에 몰두했다. 매일 그는 아버지를 생각하며 몸을 아끼지 않고 찬이슬까지 맞아가며 한데서 밤을 지새우고 자신의 집 문 앞을 지나가면서도 들어가지 않았다. 육지에서는 수레를 타고 물에서는 배를 타고 소택지에서는 진흙 썰매를 타고 산에서는 신발에 못을 박은 나막신을 신고 전국을 돌아다니며 불철주야 치수사업에 온 힘을 쏟았다. 그렇게 치수사업을 벌인 지 13년 만에 전국 구주九州에 도로를 개척하고 제방을 쌓아 홍수에도 범람하지 않도록 철저히 방비했다.

순 임금이 우를 불러 말했다.

"천하가 짐의 덕에 복종한 것은 모두 그대의 공로 덕분이다. 그대가 질서를 세울 수 있었기에 가능한 일이었다."

그리고 순 임금은 우를 자신의 대를 이을 천자로 추천했다. 그로부터 17년 후 순 임금은 세상을 떠났다. 순 임금의 3년 상을 치른 후 우는 천자 자리에서 물러났지만 신하들은 순 임금의 아들보다 우를 천자로 받들었다. 우 임금은 제위에 오른 후 국호를 '하후夏后'로 칭하고 하 왕조를 열었다.

02_다투지 않으니 허물이 없다

최상의 선은 물과 같다. 물은 만물에게 이로움을 주지만 다투지 않고 사람들이 싫어하는 낮은 곳에 머물기 때문에 도에 가깝다. 사람이 사는 곳으로는 땅이 좋고 마음은 연못처럼 깊어야 좋고 더불어 하는 데는 어짊이 좋고 다스림은 바른 것이 좋고 일에는 능숙한 것이 좋고 움직임은 적당한 때를 맞추는 것이 좋다. 그렇게 하는 것이 다투지 않기 때문에 허물이 없는 것이다.

上善若水.
상선약수
水善利萬物而不爭, 處衆人之所惡, 故幾於道.
수선리만물이부쟁 처중인지소오 고기어도
居善地, 心善淵, 與善仁, 言善信, 政善治, 事善能, 動善時.
거선지 심선연 여선인 언선신 정선치 사선능 동선시
夫唯不爭, 故無尤.
부유부쟁 고무우
_「도덕경 8장」

[역해]
· 상선上善 : 도덕이 가장 숭고한 사람
· 기幾 : '가깝다'라는 뜻으로 쓰였다.

· 여與 : 주다. '사람과 사귀다'라는 뜻으로 쓰였다.

· 우尤 : 과실, 죄를 짓다. '재난'이라는 뜻으로 쓰였다.

· 상선약수上善若水 : 최상의 선은 물과 같다.

· 수선리만물이부쟁水善利萬物而不爭 : 물은 만물에게 이로움을 주지만 다
  투지 않는다.

· 처중인지소오處衆人之所惡 : 모든 사람이 싫어하는 낮은 곳에 머물다.

· 고기어도故幾於道 : 그래서 도에 가깝다.

· 거선지居善地 : 사는 곳은 땅이 좋다.

· 심선연心善淵 : 마음은 연못처럼 깊어야 좋다.

· 여선인與善仁 : 더불어 하는 것에는 어짊이 좋다.

· 언선신言善信 : 말은 믿음이 있어야 좋다.

· 정선치政善治 : 다스림은 바른 것이 좋다.

· 사선능事善能 : 일은 능숙한 것이 좋다.

· 동선시動善時 : 움직임은 적당한 때를 맞추는 것이 좋다.

· 부유부쟁 고무우夫唯不爭, 故無尤 : 그렇게 하는 것이 다투지 않기 때문에
  허물이 없다.

[요지]

이번 장에서 노자는 자연계의 물을 사람에 비유하며 사람을 가르치고
있다.

자연에 순응하다

수 문제 시절 조정에는 가장 훌륭한 대신 위세강이 있었다. 그는 성격이 침착하고 중후하고 사람됨이 겸손하고 도량이 넓어 사람을 달랠 줄 알았다. 그는 10여 년 동안 벼슬자리에 있으면서도 그 어떤 정쟁에도 휩쓸리지 않았다. 그 비결은 자신에게 만족할 줄 알고 야심이 없었기 때문이다.

위세강은 예부 상서와 이부 상서 직책에 있었지만 늘 검소한 생활을 했고 사람들을 대할 때는 겸손하고 끝까지 권력과 결탁하지 않았다. 그는 사람들이 좋은 일을 하면 적극적으로 지지해주었고 사람들이 실수를 저지르면 적절히 감싸주며 함부로 질책하지 않았다. 이부 상서로 있으면서 인사채용에서 늘 공명정대했고 유능한 인재를 임용해 백성의 찬사를 받았다.

얼마 안 가 위세강은 형주 총관에 임명되었다. 당시 총관은 4명이었는데 3명은 모두 수 문제의 아들이었고 유일하게 위세강만 외부인이었다. 당시 수 문제가 위세강을 얼마나 총애하고 신임했는지 알 수 있는 대목이다. 위세강이 그렇게 될 수 있었던 것은 어떤 위험이 닥쳐도 흔들리지 않고 자연의 원칙에 순응한 덕분이다.

03_밝음이 사방으로 통하다

혼백을 하나로 품어 서로 떨어지지 않게 할 수 있는가? 기를 하나로 모아 갓난아기처럼 부드럽게 할 수 있는가? 마음을 깨끗이 닦아 흠이 없게 할 수 있는가? 백성을 사랑하고 나라를 다스리는 일을 몰래 행할 수 있는가? 하늘의 문을 여닫기를 여자처럼 할 수 있는가? 아이를 낳아 기르되 낳고도 갖지 않고 행하고도 자랑하지 않으며 키우고도 지배하지 않으니 이를 현덕이라고 부른다.

載營魄抱一, 能無離乎.
재영백포일 능무리호
專氣致柔, 能嬰兒乎.
전기치유 능영아호
滌除玄覽, 能無疵乎.
척제현람 능무자호
愛民治國, 能無爲乎.
애민치국 능무위호
天門開闔, 能爲雌乎.
천문개합 능위자호
明白四達, 能無知乎.
명백사달 능무지호
生之畜之, 生而不有, 爲而不恃, 長而不宰, 是謂玄德.

생지축지 생이불유 위이불시 장이부재 시위현덕

_『도덕경 10장』

[역해]

· 영백營魄 : 육체와 영혼

· 자雌 : 여성. '조용하고 유순함'을 뜻한다.

· 지知 : 지혜, 총명

· 척제滌除 : 씻어내다

· 현람玄覽 : 깊이 살펴보다

· 개합開闔 : 여닫다

· 불시不恃 : 자랑하거나 내세우지 않다.

· 현덕玄德 : 고상한 품덕

· 재영백포일載營魄抱一 : 혼백을 하나로 품다.

· 능무리호能無離乎 : 서로 떨어지지 않게 할 수 있는가?

· 전기치유專氣致柔 : 기를 하나로 모아 부드럽게 하다.

· 척제현람 능무자호滌除玄覽, 能無疵乎 : 깨끗이 닦아 흠이 없게 할 수 있는가?

· 능무위호能無爲乎 : 몰래 행할 수 있는가?

· 천문개합 능위자호天門開闔, 能爲雌乎 : 하늘의 문을 여닫기를 여자처럼 할 수 있는가?

· 명백사달 능무지호明白四達, 能無知乎 : 밝은 깨달음이 사방으로 뻗어 나가는 앎이 없을 수 있는가?

· 생지축지生之畜之 : 만물을 낳아 기르다.

·위이불시為而不恃 : 행하고도 자랑하지 않다

·장이불재長而不宰 : 키우고도 지배하지 않다.

·시위현덕是謂玄德 : 이것을 현덕이라고 부른다.

[요지]

이번 장에서 노자는 도를 닦고 소박함을 갖추는 방법과 그 과정을 논술하였다. '혼백을 하나로 품는 것'으로부터 '밝은 깨달음이 사방으로 뻗어나가는 것'에 이르는 경계는 점점 제고해야 하는 것이다.

경전사례

겸손한 화가

당나라의 유명 화가 주방周昉은 상당한 실력에도 됨됨이가 매우 겸손했다. 하루는 당 덕종이 그에게 장경사 신불 화상을 그리게 했다. 임무를 맡은 그는 고심해 연구하고 세밀하게 구상한 후 약도를 모두 그렸다. 주방의 실력이라면 그 그림을 단번에 그릴 수 있었지만 대충 그리는 그림은 결코 진보할 수 없다고 생각한 그는 약도를 가려둔 것을 활짝 제치고 여러 사람이 그 약도를 보고 비평해주길 바랐다.

주방이 그린 신불 화상의 약도를 본 사람들은 의견이 분분했다. 주방은 그들 속에서 그들의 의견을 경청하고 참답게 고쳤다. 그렇게 완성된 주방의 신불 화상에서 아무도 흠을 발견하지 못했고 주방에 대한 찬사만 쏟아졌다.

04_은총도 굴욕도 놀랍지 않다

은총도 굴욕도 놀라운 것처럼 하고 재앙을 귀하게 여기는 것도 제 몸처럼 한다. 무엇을 일러 은총과 굴욕을 놀라운 것처럼 한다고 하는가? 은총은 위에서 아래로 향하므로 얻거나 잃어도 조심해 놀랍게 여기라는 것이다. 그래서 은총과 굴욕은 놀라운 일을 당하는 것과 같다는 것이다.

무엇을 일러 재앙을 귀하게 여기는 것을 제 몸처럼 한다고 하는가? 자신에게 재앙이 있다는 것은 자신의 몸이 있기 때문이니 몸이 없다면 자신에게 재앙도 있을 수 없다. 자신의 몸을 소중히 여기듯 천하를 소중히 여기면 천하를 맡길 수 있고 제 몸을 사랑하듯 천하를 사랑하면 천하를 그에게 부탁할 수 있다.

寵辱若驚, 貴大患若身.
총욕약경 귀대환약신
何謂寵辱若驚.
하위총욕약경
寵爲下, 得之若驚, 失之若驚, 是謂寵辱若驚.
총위하 득지약경 실지약경 시위총욕약경
何謂貴大患若身.
하위귀대환약신
吾所以有大患者, 爲吾有身, 及吾無身, 吾有何患.
오소이유대환자 위오유신 급오무신 오유하환

故貴以身爲天下者, 若可寄天下.

고귀이신위천하자 약가기천하

愛以身爲天下者, 若可託天下.

애이신위천하자 약가탁천하

_『도덕경 13장』

[역해]

·경驚 : 놀라다

·대환大患 : 큰 우환

·유신有身 : 자신을 소중히 여기다

·약가若可 : ~에야 비로소

·총욕약경寵辱若驚 : 은총도 굴욕도 놀라운 것과 같다.

·귀대환약신貴大患若身 : 재앙을 귀하게 여기는 것을 제 몸처럼 한다.

·급오무신及吾無身 : 내 몸이 없기에 이른다.

·귀이신위천하자貴以身爲天下者 : 제 몸처럼 천하를 귀하게 여기는 사람

·애이신위천하자愛以身爲天下者 : 제 몸을 사랑하듯 천하를 사랑하는 사람

[요지]

이번 장에서 노자는 '은총도 굴욕도 놀랍지 않다'와 '재앙을 귀하게 여기는 것을 제 몸처럼 한다'라는 2가지 문제를 주요하게 제기하였다. 이 두 구절은 노자의 독특한 견해이므로『노자 도덕경』의 경전 명언이다.

어진 임금

요 임금은 상고 시기 부락연맹의 수령이었다. 그는 성스럽고 밝아 백성의 사랑을 받았다. 그는 수령임에도 생활이 매우 검소하고 소박했다. 요 임금이 사는 집은 누추한 초가집에 야채국을 마시고 잡곡을 먹고 거친 삼베옷을 입고 질그릇을 사용했다.

요 임금은 지극히 검소한 생활을 했을 뿐만 아니라 백성의 삶에도 큰 관심을 가졌다. 부락민 중에 굶주림과 추위에 떠는 사람이 있으면 그는 가책을 느끼며 이렇게 말했다.

"내가 그들을 굶주리고 추위에 떨게 했다."

그리고 부락민 중 누군가가 죄를 지어 처벌을 받으면 "내가 잘못 교육한 탓이다."라며 자책했다. 요 임금은 많은 백성의 존경을 받았고 백성들은 그를 '어진 임금'으로 칭송했다.

05_미묘하고 현통하다

　예부터 도를 잘하던 사람은 미묘하면서 현통해 그 깊이를 알 수 없었다. 대저 알 수 없어 억지로 이를 형용한다. 머뭇거려 겨울에 내릴 것처럼 조심조심 사방 주위를 두려워하는 것 같고 근엄해 손님인 듯하고 확풀려 녹는 얼음과 같고 소박해 통나무와 같고 활짝 트여 빈 계곡과 같고 혼연해 흐린 물과 같다. 누가 혼탁한 속에서 이를 고요히 해 서서히 맑게 하고 누가 안정된 속에서 이를 움직여 생기도록 할 수 있는가? 이 도를 보존하는 자는 가득 차려고 하지 않으니 대저 차지 않아 낡으면 새로 이룰 수 있다.

古之善爲士者, 微妙玄通, 深不可識.
고지선위사자 미묘현통 심불가식

夫唯不可識, 故强爲之容.
부유불가식 고강위지용

豫焉若冬涉川 : 猶兮若畏四鄰 : 儼兮其若客 : 渙兮若冰之將釋 :
예언약동섭천 유혜약외사린 엄혜기약객 환혜약빙지장석

敦兮其若樸 : 曠兮其若谷 : 混兮其若濁 : 孰能濁以靜之徐淸.
돈혜기약박 광혜기약곡 혼혜기약탁 숙능탁이정지서청

孰能安以動之徐生, 保此道者, 不欲盈.
숙능안이동지서생 보차도자 불욕영

夫唯不盈, 故能蔽而新成.

부유불영 고능폐이신성

_『도덕경 15장』

[역해]

· 선위사자善爲士者 : 도를 터득한 선비

· 현통玄通 : 만사에 통달하다

· 강위지용强爲之容 : 억지로 그 모양을 그리다

· 예언약豫焉若 : 머뭇거리며 망설이다

· 외사린畏四鄰 : 사방을 두려워하다

· 엄혜약儼兮若 : 위엄있게 행동하다

· 박樸 : 통나무. '소박하다, 질박하다'라는 뜻으로 쓰였다.

· 서청徐清 : 서서히 맑아지다

· 서생徐生 : 서서히 살아나다

· 유불영唯不盈 : 비록 채우지 않아도

· 능폐이신성能蔽而新成 : 낡아도 새로 이룰 수 있다.

· 환혜약빙지장석渙兮若冰之將釋 : 확 풀려 녹는 얼음과 같다.

· 돈혜기약박敦兮其若樸 : 소박해 통나무와 같다.

· 광혜기약곡曠兮其若谷 : 활짝 트인 계곡과 같다.

· 혼혜기약탁混兮其若濁 : 혼연해 흐린 물과 같다.

· 숙능탁이정지서청孰能濁以靜之徐清 : 누가 혼탁한 속에서 이를 고요히 해 서서히 맑게 할 수 있는가?

· 숙능안이동지서생孰能安以動之徐生 : 누가 안정된 속에서 이를 움직여 서

서히 생겨나게 할 수 있는가?

· 보차도자保此道者 : 이 도를 보존하는 자

· 불욕영不欲盈 : 가득 차려고 하지 않다.

· 부유불영夫唯不盈 : 대저 오직 차지 않다.

· 고능폐이신성故能蔽而新成 : 그래서 낡아도 새로 이룰 수 있다.

[요지]

이번 장에서 노자는 도를 터득한 선비를 구체적으로 묘사하였다. 도를 터득한 자는 '미묘하고 현통해 그 깊이를 알 수 없다'라고 노자가 칭찬한 것은 그들이 사물 발전의 보편적인 규율을 장악하고 그것으로 현실에 존재하는 구체적인 사물을 처리할 줄 알기 때문이라고 주장하였다.

경 전 사 례

현명한 신하

학사라는 관직은 원래 사람들이 우러러보는 관직이 아니었는데 당 태종이 일단 그 관직을 소중히 여기고 숭배하자 전국의 모든 관리와 백성이 학사들의 높은 덕을 우러러보고 그들이 '선경仙境'에 이르렀다고 믿었다. 이는 사람들이 사상과 품성을 높이 평가하기 때문이다.

전상田常은 습사미와 함께 높은 언덕에 올라가 묵묵히 남쪽을 바라보았다. 그것을 본 습사미는 전상이 남쪽 송나라를 칠 궁리를 하는 것으로 추측했다. 제 위왕이 언덕 위에서 신하들과 국사를 논하면서 더듬거리자 주위 신하들은 그가 거나라를 칠 궁리를 하는 것을 눈치챘다. 이후 제 위왕이 조정에서 현명한 인사들과 국사를 논의한 후 그가 위나라를 칠 계획을 포기했다는 것을 눈치챘다.

관리를 임용할 때는 그들에게 법령을 알게 하기보다 통치자의 의도를 알게 하는 것이 낫다. 통치자가 제정한 법이 맞더라도 통치자의 뜻이 그 법과 일치하지 않으면 아래 관리나 백성은 겉으로는 어명을 중히 여기는 듯하지만 사실 대수롭게 여긴다. 반대로 법이 미비해도 통치자의 뜻이 정확히 전해지면 아래 관리나 백성이 겉으로는 대수롭지 않게 여기는 듯해도 실제로는 충실히 따른다. 유가의 도를 전수하는 모든 사람은 문인과 학자들의 본보기가 된다.

당나라 대종 때 환관이던 어조은이 나서서 유가의 도를 전수했는데 지위와 학식을 갖춘 모든 사회 명사들은 그와 함께 하는 것을 수치로 여기고 도를 강의하는 것을 비천한 일로 간주했다. 그것은 벼슬을 업신여겨서가 아니라 그의 품성이 좋지 않기 때문이다.

순자는 이렇게 말했다.

"왕이 지닌 가장 큰 폐단은 현명한 자를 임용하는 것을 언급하지 않는 것이 아니라 현명한 자를 참되고 성실한 마음으로 임용하지 않는다는 것이다. 현명한 자의 임용을 언급하는 것은 말로 표현하지만 현명한 자를 멀리하는 것은 행동으로 나타난다. 언행이 일치하지 않으면서 현명한 자를 자신의 주변에 모으기는 정말 어려운 일이다."

06_지극히 비우고 고요함을 지키다

　지극히 비우고 고요함을 돈독히 지키고 온갖 만물이 함께 일어나면 나는 그것이 되풀이되길 바랄 뿐이다. 만물은 번성해 자라도 각각 그 근원으로 되돌아가니 근원으로 되돌아온 것을 고요함이라고 하고 본성을 회복한 것이라고 한다. 본성이 회복된 것을 평상심이라고 하고 평상심을 아는 것을 깨달음이라고 한다. 평상심을 모르면 망령되어 흉해지고 모든 것을 받아들여 너그러워진다. 너그러운 것은 곧 공평한 것이고 공평한 것이 두루 미치며 두루 미치는 것이 곧 자연이다. 하늘은 바로 도이고 도는 영구한 것이니 몸은 다해도 아무 위태로움이 없다.

　致虛極, 守靜篤.
　치허극 수정독
　萬物竝作, 吾以觀復.
　만물병작 오이관복
　夫物芸芸, 各歸其根.
　부물운운 각귀기근
　歸根曰靜, 是謂復命.
　귀근왈정 시위복명
　復命曰常, 知常曰明.
　복명왈상 지상왈명
　不知常, 妄作凶.

부지상 망작흉

知常容, 容乃公, 公乃全, 全乃天.

지상용 용내공 공내전 전내천

天乃道, 道乃久, 沒身不殆.

천내도 도내구 몰신불태

＿『도덕경 16장』

[역해]

· 정靜 : '사망하다'라는 뜻이다.

· 상常 : 사물의 운동 변화에서 불변의 법칙을 말한다.

· 독篤 : 극도로, 정점

· 병작竝作 : 함께 일어나다

· 운운芸芸 : 번성해 자라는 모습

· 복명復命 : 본성(근본)으로 돌아가다

· 망작妄作 : 도리에 안 맞는 행위

· 용容 : 포용하다, 너그럽다

· 몰신沒身 : 몸이 다하다

· 오이관복吾以觀復 : 나는 그 돌아감을 본다.

· 귀근왈정歸根曰靜 : 근원으로 되돌아온 것을 고요함이라고 한다.

· 정위복명靜謂復命 : 본성을 회복한 것을 정이라고 한다.

· 복명왈상復命曰常 : 본성이 회복된 것을 평상심이라고 한다.

· 지상왈명知常曰明 : 평상심을 아는 것을 밝음이라고 한다.

· 지상용知常容 : 평상심을 알면 너그러워진다.

· 용내공 공내전 전내천容乃公, 公乃全, 全乃天 : 너그러움은 공평한 것이고 공평한 것은 온전해지고 온전해지면 곧 자연이다.

· 천내도 도내구天乃道, 道乃久 : 하늘은 도이고 도는 영구하다.

· 몰신불태沒身不殆 : 몸이 다해도 위태로움이 없다.

[요지]

이번 장에서 노자는 '도'의 본질을 천명해 수행修行의 최고 경계를 제시하였다.

경 전 사 례

도량이 넓은 사람

북송 때 한기韓琦라는 관원이 북도에서 관리로 일할 때 한 친척이 그에게 옥배玉杯 하나를 선물했다. 그 옥배는 추호의 흠도 없는 매우 진귀한 보물이어서 한기는 백 량의 금을 그 친척에게 주어 감사의 뜻을 전했다.

하루는 한기가 관원들을 초대해 연회를 마련했는데 그 옥배를 내놓고 그걸로 술을 마시게 했다. 그런데 수하의 하직 관리가 그 옥배를 부주의로 바닥에 떨어뜨리는 바람에 박살나고 말았다. 관리는 겁에 질려 바닥에 엎드려 사죄하고 영을 기다렸다. 하지만 한기는 평온한 기색으로 여러 사람에게 웃으며 말했다.

"물건은 아무리 진귀해도 파손될 때가 있습니다."

그러더니 한기가 그 관리에게 말했다.

"네가 부주의해 그 옥배를 떨어뜨려 깨진 것이지 고의로 깬 것도 아닌데 무슨 죄가 있겠느냐? 어서 일어나라!"

...

07_어머니에게서 길러짐을 귀하게 여기다

찬성과 반대는 어떤 차이가 있는가? 선악의 차이는 얼마나 다른가? 남들이 두려워하는 것을 나도 두려워하지 않을 수 없지만 막막해 그것을 다하지 못한다. 뭇사람들이 서로 사이좋게 희희낙락하며 큰 잔칫상을 받는 것과 같고 봄날에 높은 누대에 오르는 것과 같다. 나 홀로 넋을 놓고 움직이지 않고 아직 웃지 않는 갓난아기와 같고 내 지친 몸은 돌아갈 곳이 없는 사람과 같다. 사람들은 모두 여유로워 보이는데 나 홀로 빈털터리 같고 내 마음은 바보의 마음인지 흐리멍텅하기만 하다. 세상 사람들은 모두 총명한데 나 혼자만 흐릿하다. 고요한 바다와 같고 그치지 않는 거센 바람과 같다. 사람들은 모두 쓸모 있는데 나 혼자 어리석은 촌뜨기 같다. 나만 남들과 달리 대자연인 어머니에게서 길러지는 것을 귀하게 여긴다.

絶學無憂.

절학무우

唯之與阿, 相去幾何.

유지여아 상거기하

善之與惡, 相去若何.

선지여악 상거약하

人之所畏, 不可不畏.

인지소외 불가불외

荒兮其未央哉.

황혜기미앙재

衆人熙熙, 如享太牢, 如春登臺.

중인희희 여향태뢰 여춘등대

我獨泊兮, 其未兆 : 如嬰兒之未孩, 儽儽兮, 若無所歸.

아독박혜 기미조 여영아지미해 래래혜 약무소귀

衆人皆有餘, 而我獨若遺.

중인개유여 이아독약유

我愚人之心也哉, 俗人昭昭, 我獨昏昏.

아우인지심야재 속인소소 아독혼혼

俗人察察, 我獨悶悶.

속인찰찰 아독민민

澹兮其若海, 飂兮若無止.

담혜기약해 요혜약무지

衆人皆有以, 而我獨頑似鄙.

중인개유이 이아독완사비

我獨異於人, 而貴食母.

아독이우인 이귀식모

_「도덕경 20장」

[역해]

· 절학무우絶學無憂 : 배우기를 그만두면 근심이 사라진다.

· 유唯 : '찬성하는' 대답을 말한다.

· 아阿 : '반대하는' 대답을 말한다.

· 황혜荒兮 : 아득히 멀다

· 미앙未央 : 다함이 없다, 끝이 없다

· 태뢰太牢 : 재물

· 래래혜儽儽兮 : 고달프고 지친 모습

· 민悶 : 번민하다

· 소소昭昭 : 밝게 빛나다

· 찰찰察察 : 총명한 모습

· 박혜泊兮 : 멈추고 고요하다

· 담혜澹兮 : 안정되고 고요하다

· 식모食母 : 생명의 근원인 어머니

· 상거기하相去幾何 : 서로 얼마나 떨어졌는가?

· 상거약하相去若何 : 서로 얼마나 다른가?

· 기미앙재其未央哉 : 다하지 못하다.

· 여향태뢰如享太牢 : 큰 잔치를 여는 것과 같다.

· 여춘등대如春登臺 : 봄날에 누각에 오르는 것과 같다.

· 기미조其未兆 : 아무 기척도 없다.

· 여영아지미해如嬰兒之未孩 : 갓난아기가 아직 웃지 못하는 것과 같다.

· 중인개유여衆人皆有餘 : 뭇사람들은 모두 여유가 있다.

· 아독약유我獨若遺 : 나 홀로 모자란 듯하다.

· 아우인지심야재我愚人之心也哉 : 나는 어리석은 사람의 마음이다.

· 담혜기약해澹兮其若海 : 고요한 바다와 같다.

· 요혜약무지澹兮其若海 : 그치지 않는 거센 바람과 같다.

· 중인개유이衆人皆有以 : 모든 사람은 쓸모가 있다.

· 이아독완사비而我獨頑似鄙 : 나만 완고한 촌뜨기 같다.

· 아독이우인我獨異於人 : 나만 사람들과 다르다.

· 이귀식모而貴食母 : 대자연인 어머니에게서 길러지는 것을 귀하게 여기다.

[요지]

이번 장은 노자의 사상 독백으로 노자 사상의 정수이자 『노자 도덕경』의 영혼이다. 또한, 이번 장의 언어문자는 다른 장과 달리 시적 언어문자로 무위의 도리를 심도있게 분석하였다.

생긴 그대로가 덕이다

태초에 하늘과 땅이 시작될 무렵 무無가 있었다. 아무것도 없었으니 이름도 없었다. 여기서 일一이 생겼다. 1은 있어도 모습은 없었다. 만물은 이하나를 얻음으로써 생겨나는데 그렇게 태어나는 것을 덕德이라고 한다. 이때 형체는 없지만 구분이 생겨 차례대로 만물에 깃들어 끊임없이 이어지니 이것을 운명이라고 한다. 그 하나가 돌고 돌아 비로소 사물을 만들어내니 만물이 이루어져 나타나는 결生理을 형체라고 한다. 그 형체는 정신을 보유하고 각각의 활동에는 고유한 법칙성이 있어야 하는데 그것을 본성이라고 한다.

본성은 잘 닦으면 그 근본의 덕으로 돌아오고 덕이 지극하면 태초의 상태로 복귀해 무無와 합쳐진다. 태초의 상태가 되면 공허해지고 공허해지면 커진다. 그렇게 무심에 합쳐지고 새의 무심한 지저귐처럼 얽매이지 않은 경지에 도달하면 천지 우주의 조화와 하나가 될 수 있다. 그 합쳐진 것은 천지를 아우르는 벼리처럼 끝이 없고 어리석은 듯 무지한 듯하다. 이를 깊고 그윽한 덕이라고 한다. 그래서 자연의 위대한 순응과 하나가 되었다고 한다.

08_성인은 하나를 껴안는다

굽으면 온전하고 구부리면 펴지고 파이면 차고 해어지면 새로워진다. 적으면 얻고 많으면 미혹된다. 그러므로 성인은 하나를 껴안아 천하의 법도와 양식이 된다. 스스로 드러내지 않으니 밝고 스스로 옳다고 하지 않으니 빛나고 스스로 자랑하지 않으니 공이 있고 스스로 우쭐대지 않으니 오래간다. 대저 오직 다투지 않으니 천하에 그와 다툴 자가 없다. '굽으면 온전하다'라는 옛말이 어찌 빈말이겠는가! 참으로 온전해 돌아갈 것이다.

曲則全, 枉則直, 窪則盈, 弊則新, 少則得, 多則惑.

곡즉전 왕즉직 와즉영 폐즉신 소즉득 다즉혹

是以聖人抱一為天下式.

시이성인포일위천하식

不自見, 故明 ; 不自是, 故彰 ; 不自伐, 故有功 ; 不自矜, 故長.

부자견 고명 부자시 고창 부자벌 고유공 부자긍 고장

夫唯不爭, 故天下莫能與之爭.

부유부쟁 고천하막능여지쟁

古之所謂 '曲則全'者, 豈虛言哉.

고지소위 '곡즉전'자 기허언재

誠全而歸之.

성전이귀지

_「도덕경 22장」

[역해]

· 식式 : '본보기, 모범, 표준'이라는 뜻으로 쓰였다.

· 견見 : 표현하다

· 벌伐 : 자랑하다

· 긍矜 : 자고자대하다, 고요하다

· 왕枉 : 비뚤다

· 와窪 : 움푹 패인 곳

· 자시自是 : 자신이 옳다고 주장하다

· 왕즉직枉則直 : 구부리면 곧게 펴진다.

· 와즉영窪則盈 : 패이면 곧바로 찬다.

· 폐즉신弊則新 : 낡으면 새로워진다.

· 다즉혹多則惑 : 많아지면 미혹된다.

· 성인포일위천하식聖人抱一爲天下式 : 성인은 하나를 껴안아 천하의 본보
　기로 삼는다.

· 부자견不自見 : 스스로 표현하지 않다.

· 고창故彰 : 그래서 현명하다.

· 부자긍 고장不自矜, 故長 : 스스로 자고자대하지 않아 오래간다.

· 고천하막능여지쟁故天下莫能與之爭 : 그래서 천하에 그와 다투지 않는다.

· 고지소위 '곡즉전'자古之所謂 '曲則全'者 : 옛말에 소위 '굽으면 온전하다'라
　고 한다.

· 기허언재豈虛言哉 : 어찌 빈말이겠는가.

· 성전이귀지誠全而歸之 : 참으로 온전해 돌아갈 것이다.

[요지]

이번 장에서 노자는 '다투지 않는다'를 중점적으로 논술하였다. 노자는 다투지 않는 것이 '도'의 본질에 부합한다고 주장하였다.

뜻이 있으면 굽힐 줄도 안다

한신은 서한시대 명장으로 가난한 집안에서 태어났지만 어릴 때부터 기골이 장대하고 똑똑했다. 하지만 워낙 가난해 어느 하급관리 집에 빌붙어 얻어먹으며 생활했다.

하루는 한신이 그 관리의 집에서 나와 하릴없이 성밖으로 나가 낚시를 했지만 한신의 굶주린 배를 채워줄 물고기는 잡히지 않았다. 그때 빨래하러 강에 나온 한 노인이 배고파하는 한신을 보고 불쌍히 여겨 자신의 집으로 데려가 밥을 먹였다.

한신은 노인의 집에서 나오며 "훗날 제가 출세하면 반드시 보답하겠습니다."라고 정중히 인사했다.

그러자 노인은 "대장부 스스로 벌어먹지 못하는 것이 불쌍해 음식을 준 것뿐이니 어찌 보답을 바라겠소. 어서 좋은 일자리나 찾아보시오."라고 말했다.

한신은 노인의 말에 용기를 얻었다. 한신은 무술 연마를 위해 허리에 긴 칼을 차고 다녔다. 키는 장대했지만 너무 굶주리고 메마르고 허리도 굽어 항상 엉거주춤한 자세로 걸어 다녔다. 그런 한신을 마을사람들은 바보 취급했고 또래 청년들은 마구 놀려댔다.

하루는 동네 건달들이 한신을 불러 세우고 말했다.

"이봐! 큰 칼만 차고 다니면 다 장군이 되냐? 너는 칼은 찼지만 겁쟁이가 분명해. 겁쟁이가 아니라면 그 칼로 나를 찔러봐. 찌르지 못하면 당장 내 가랑이 사이로 기어야 한다. 알겠냐?"

건달은 자신의 두 다리를 쩍 벌렸다. 그때 한신은 마음속으로 '부르르' 진저리쳤다. 이런 굴욕은 도저히 참기 어려워 당장 칼을 빼내 건달의 가슴을 찌르고 싶었다.

"저 바보가 손을 떨고 있어. 바보! 밥이나 얻어먹고 다니는 주제에 감히 칼을 차고 다니다니!"

구경꾼들은 벌벌 떠는 한신을 보고 마구 비웃어댔다. 한신은 마음속으로 결심했다.

"두고 보자. 지금은 저 사람들의 구경거리가 되어주자. 지금 내가 이 자리에서 벗어날 수 있는 길이다!"

한신이 그렇게 자신의 마음을 다스리는 순간 살의의 충동에서 벗어날 수 있었다. 결심을 굳힌 한신은 땅바닥에 넙죽 엎드리더니 건달의 가랑이 사이를 엉금엉금 기었다. 구경꾼들은 한결같이 용기 없는 비굴한 사내라며 손가락질해대며 비웃었다. 한신은 이를 악물고 참았다.

그날 이후 한신은 밤낮없이 열심히 무술을 연마했고 세월이 흘러 한나라 유방의 장수가 되어 큰 공을 세우게 되었다. 천하통일을 이룬 유방은 한신을 초왕으로 봉했다. 왕이 된 한신은 어린 시절 자신에게 밥을 준 노인을 찾아가 천금을 주며 은혜에 보답했다. 그리고 자신을 가랑이 사이로 기게 한 건달도 불러 "그대는 용감한 사내다. 그대가 나를 모욕했을 때 내가 당신을 왜 죽일 수 없었겠는가! 하지만 그때 내가 그대를 죽여도 아무 명예도 얻을 수 없다는 것을 잘 알고 있었다. 살인죄를 짓고 인생을 망칠 수도 있는 순간이었다. 하지만 나는 그 충동을 잘 참고 가랑이 사이를 기는 굴욕을 견뎌냈기에 오늘날 이 자리에 설 수 있었다. 그대는 굴욕이 뭔지 내게 가르쳐 주었다."라고 말하고 그에게 마을 치안을 담당하는 벼슬을 주었다.

09_발끝으로 서는 사람

발끝으로 서는 사람은 오래 서 있을 수 없고 걸음을 멀리 떼며 걷는 사람은 오래 걸을 수 없고 스스로 드러내는 사람은 밝지 못하고 스스로 옳다는 사람은 빛나지 못하고 스스로 자랑하는 사람은 공이 없고 스스로 뽐내는 사람은 오래 못 간다. 도의 입장에서 보면 먹다 남은 밥이고 쓸데없는 행동이니 누구나 늘 이것을 싫어하니 도를 지닌 사람은 그런 짓을 하지 않는다.

企者不立: 跨者不行: 自見者不明: 自是者不彰: 自伐者無功: 自矜者不長.
기자불립 과자불행 자견자불명 자시자불창 자벌자무공 자긍자부장
其在道也, 曰: 餘食贅行.
기재도야 왈 여식췌행
物或惡之, 故有道者不處.
물혹오지 고유도자불처
_『도덕경 24장』

[역해]
· 기企 : 발 뒤꿈치를 들고 발끝으로 서다
· 과跨 : 보폭을 넓게 떼다
· 벌伐 : 자랑하다
· 여식餘食 : 먹다 남은 음식
· 췌행贅行 : 본분에 어긋나는 쓸데없는 행동

· 물혹오지_{物或惡之} : 자연은 늘 이것을 싫어한다. 여기서 '물_物'은 자연, '혹_或'은 '늘, 항상'이라는 뜻으로 쓰였다.

· 불처_{不處} : 그렇게 하지 않다.

[요지]

이번 장에서는 '자연의 도리'를 중점적으로 설명하였다. 자연은 도에 따라 행동하고 늘 제멋대로 행동하지 않는다.

경전사례

자연의 이치에 따른 위예

남북조시대 제나라와 양나라의 위예_{韋叡}는 어릴 때부터 재주가 뛰어나 군수 조정의 눈에 띄었다. 조정은 위예가 국사를 돌보고 대업을 이룰 재능이 있다고 생각했다. 그 후 역양 태수의 군사를 이끌고 합비 전투에 참전해 큰 공을 세워 영창 후에 봉해졌다.

위예는 전국을 통일하기 위해 북쪽 지방(북위)을 정벌해 큰 공을 여러 번 세웠다. 평소 몸이 허약하던 그는 말을 탈 수 없어 마차에 앉아 군대를 지휘할 정도였다. 그렇게 몸은 허약했지만 늘 병사들과 동고동락하며 그들을 자식처럼 아끼고 보살폈다. 그런 격려와 관심에 힘입은 병사들은 명령이 하달되면 일사불란하게 움직였고 전쟁터에서 백전백승했으니 북위 병사들이 위예를 어찌 두려워하지 않을 수 있었겠는가.

전황이 급박하게 돌아가자 양 무제는 신임하는 조경종을 전선으로 보냈다. 그때 양 무제는 조경종에게 "위예는 존경하는 인물이니 잘 대해주시오."라고 각별히 당부했고 조경종은 위예를 만날 때마다 늘 예의를 갖추었다. 전투에서 승리하면 조경종을 비롯한 장수들은 앞다투어 승전보를 위로 올리려고 했지만 유독 위예만은 승전보를 천천히 올리며 전공을 다투지 않았다.

하루는 승전 축하 연회에서 위예와 조경종이 나란히 앉게 되었다. 취흥이 달아오르자 여러 장수가 투전해 여흥을 돋워보려고 했다. 위예와 조경종은 20냥으로 투전했는데 먼저 주사위를 던진 조경종이 지고 말았다. 그러자 위예는 재빨리 주사위 하나를 뒤집어 조경종이 이긴 것으로 바꾸어 놓고 "참 희한하네. 희한해!"라고 연이어 말했다. 사실 양 무제가 즉위했을 때 대신과 제장들 중에서 위예만큼 탁월한 능력을 지닌 자는 없었다. 하지만 양 무제는 그에게 일을 맡긴 적이 없었다. 오히려 평범한 인물인 소굉에게 그 일을 맡겼고 조경종을 보내 위예와 함께 참석하게 하는 등 마음속으로는 그들을 의심하고 경계하였다.

위예는 난세에 목숨을 부지하기 위해 산속에 은거하는 것은 상책이 아니라고 생각했다. 그는 명예와 이익을 탐내지 않았고 남들과 공을 다투지 않았다. 또한, 공을 세웠을 때는 스스로 자신을 겸손히 낮추어야 의심과 질투를 받지 않는다는 것을 잘 알고 있었다. 그로써 위예는 자신의 타고난 수명을 다할 수 있었다. 위예는 죽음을 앞두고 자신의 장례를 소박하게 치르라는 유언을 남겼다. 임종을 앞둔 위예에게 양 무제가 몸소 찾아와 슬퍼했다. 난세를 살았던 위예의 죽음에서 하늘의 도를 새로 깨달았기 때문이다.

10 _가볍게 행동하면 근본을 잃는다

무거운 것은 가벼움의 뿌리이고 고요한 것은 조급함의 주인이므로 성인은 온종일 걸어도 짐수레를 떠나지 않으며 아름다운 경관이 앞에 있어도 전과 다름없이 관심을 두지 않는다. 전차 만 대를 가진 나라의 군주가 천하에서 어찌 가볍게 행동할 수 있겠는가! 가볍게 행동하면 근본을 잃고 조급히 행동하면 임금의 자리를 잃는다.

重爲輕根, 靜爲躁君.

중위경근 정위조군

是以聖人終日行不離輜重.

시위성인종일행불리치중

雖有榮觀, 燕處超然.

수유영관 연처초연

奈何萬乘之主, 而以身輕天下.

내하만승지주 이이신경천하

輕則失本, 躁則失君.

경즉실본 조즉실군

_「도덕경 26장」

[역해]

· 치중輜重 : 군대에서 양식과 무기를 운송하는 수레, 짐수레

· 영관榮觀 : 귀족들이 향락을 즐기는 지방. 여기서는 '화려한 생활'을 말한다.

· 연처燕處 : 편안하고 한가로운 곳

· 초연超然 : 외부의 구속 없이 태연하다

· 내하奈何 : 어찌, 어떻게

· 정위조군靜爲躁君 : 고요한 것은 조급함의 주인이다.

· 이이신경천하而以身輕天下 : 천하에 몸을 가볍게 하다.

· 경즉실본輕則失本 : 가볍게 하면 근본을 잃는다.

· 조즉실군躁則失君 : 조급히 행동하면 임금 자리를 잃는다.

[요지]

이번 장에서 노자는 도가道家의 중요한 관점 중 하나인 수신이 일체의 근본이라고 논술하였다. 수신은 우월한 물질 조건, 심지어 천하의 국가보다 중요하다고 주장하였다.

경전사례

경솔했던 한 무제

한나라 무제는 부국강병의 기반을 다졌음에도 변방 국가들과의 전쟁이

그치지 않았다. 그래서 한 무제의 무모한 전쟁 수행에 대한 대신들의 불만의 목소리가 높았다. 하지만 한 무제는 자신의 결정에 이의를 제기하는 신하들이 싫었다.

그러던 어느 날 한 무제가 휴식하고 있는데 문득 누군가가 칼을 들고 달려오다가 갑자기 사라진 것을 눈치챘다. 놀란 한 무제는 온몸에 식은땀이 흘렀다. 그날 이후 한 무제는 강충을 수장으로 임명하고 '수의사자繡衣使者'라는 특별기관을 설치해 전국의 관리와 백성의 동태를 살피게 했다. 하지만 이 수의사자는 막강한 권력을 등에 업고 무고한 백성을 해치고 재물을 빼앗아 온 나라에 그들에 대한 원성과 불만이 높았다. 하지만 한 무제는 그 누구의 말도 듣지 않고 간신인 강충의 말만 믿고 따랐다. 그러자 번성했던 한나라는 한순간에 피폐해졌고 강충의 악행은 날이 갈수록 심해졌다. 그는 황후궁에서 황제를 저주하는 물건들이 발견되었다고 날조해 결국 황후를 자결하게 만들었다.

그 여세를 몰아 태자 제거까지 시도했지만 낌새를 눈치챈 태자가 태자궁에 매복시킨 군사를 동원해 강충을 없애버렸다. 한 무제는 강충의 피살에 대로해 이 사건을 태자가 자신(황제)의 자리를 빼앗기 위해 모반한 것으로 간주하고 태자 유거를 체포하라는 명을 내렸다. 궁지에 몰린 태자는 목숨을 부지하기 위해 직접 호위병을 이끌고 한 무제 병사들과 도성에서 결전을 벌였지만 결국 패하고 말았다. 그러자 태자는 어린 아들을 데리고 밤새 도망쳐 도성 밖 민가에 숨었다. 한 무제는 온 나라를 샅샅이 뒤져 태자를 색출하도록 했고 태자와 관련된 자는 지위 고하를 막론하고 모두 처형해 버렸다.

온 나라는 공포의 도가니에 빠졌다. 설상가상 흉년까지 들어 백성들은 굶주리며 각처를 떠돌며 극심한 고통에 시달렸다. 태자 유거는 평소 국사와 민생에 힘쓴 덕분에 백성의 존경을 받았다. 그런 태자의 억울함을 잘 아는 백성들은 목숨을 걸고 태자를 숨겨주었다. 하지만 작은 이익을 위해 의를 저버리는 소인배가 반드시 있는 법이어서 하급 관리 2명이 태자가 구거리라는 작은 마을에 은신 중이라는 것을 알아내고 마을을 포위하였다. 달아날 길이 사라진 태자는 어린 아들과 함께 목을 매 자결했고 두 소인배는 태자를 색출한 공로로 만호 후에 봉해졌다.

어느덧 10여 년의 세월이 더 흘러 한 무제도 만년의 나이가 되었다. 수의 사자의 횡포로 나라의 기강은 무너지고 많은 전쟁으로 강성했던 한나라는 쇠락할 대로 쇠락했다. 한 무제는 궁궐 안에서 말로 표현할 수 없는 깊은 외로움에 빠졌다. 자신은 이미 늙어버렸고 태자나 황손도 이 세상에 없었다. 한 무제는 자신의 오판으로 이런 결과를 초래했음을 깨닫고 태자를 죽음에 이르게 하고 만호 후가 된 두 소인배를 처형했다.

외로움과 자기모순에 시달리던 한 무제는 궁궐 밖 세상을 돌아보며 큰 충격에 빠졌다. 궁궐로 돌아온 한 무제는 곧바로 '윤태궁'에서 '죄기조罪己詔'를 써서 밝혔다. 자신이 간신을 등용해 백성들이 고통을 받은 것을 인정하고 태자 유거의 명예를 회복시켰다.

11 _넉넉한 덕이 영원하다

자웅을 알고 그것을 지킨다면 천하의 골짜기가 될 수 있고 천하의 골짜기가 되면 영원한 덕이 몸에서 떠나지 않아 다시 갓난아기로 되돌아갈 수 있다. 흑백을 알고 지키면 천하의 본보기가 될 것이고 천하의 본보기가 되면 영원한 덕에서 어긋나지 않고 무한한 도의 상태로 돌아갈 것이다. 영광과 치욕을 알고 지키면 천하의 골짜기가 되고 천하의 골짜기가 되면 영원한 덕이 넉넉해져 원목 상태로 돌아가고 원목이 다듬어져 그릇이 되듯이 성인도 이를 이용해 장관이 된다. 그러므로 크게 다스리는 것은 상처받지 않게 하는 것이다.

知其雄, 守其雌, 爲天下谿.
지기웅 수기자 위천하계

爲天下谿, 常德不離, 復歸於嬰兒.
위천하계 상덕불리 복귀어영아

知其白, 守其黑, 爲天下式.
지기백 수기흑 위천하식

爲天下式, 常德不忒, 復歸於無極.
위천하식 상덕불특 복귀어무극

知其榮, 守其辱, 爲天下谷.
지기영 수기욕 위천하곡

爲天下谷, 常德乃足, 復歸於樸.

위천하곡 상덕내족 복귀우박

樸散則為器, 聖人用之, 則為官長, 故大制不割.

박산즉위기 성인용지 즉위관장 고대제불할

_『도덕경 28장』

[역해]

· 계谿 : 골짜기. '자신을 겸손히 낮추다'라는 상징의 뜻이다.

· 특忒 : 착오, 일을 저지르다

· 박樸 : 원목. '소박한 도'를 말한다.

· 박산樸散 : 원목을 다듬다, 깎다

· 대제大制 : '크게 다스리다'라는 뜻으로 쓰였다.

· 불할不割 : '상처받지 않게 하다'라는 뜻으로 쓰였다.

· 위천하식為天下式 : 천하의 본보기가 된다.

· 상덕불특常德不忒 : 영원한 덕에서 어긋나지 않다.

· 복귀어무극復歸於無極 : 무한한 도의 상태로 돌아가다.

· 상덕내족常德乃足 : 영원한 덕이 넉넉하다.

· 박산즉위기樸散則為器 : 원목이 다듬어져 그릇이 되다.

· 성인용지 즉위관장聖人用之, 則為官長 : 성인도 도를 이용해 장관이 된다.

· 고대제불할故大制不割 : 그래서 크게 다스리는 것은 상처받지 않게 하는 것이다.

[요지]

이번 장에서 노자는 '자웅을 알고 지켜야 한다'와 '겸손히 낮춘다'라는 사상을 제시하였는데 이것도 노자 사상의 핵심내용이다.

경 전 사 례

주량으로 본 순우곤

춘추전국시대 순우곤은 데릴사위로 제나라에 왔다. 순우곤淳于髡은 해학과 풍자의 달인이자 애주가로 유명했다. 하루는 제나라 위왕이 순우곤에게 이런 질문을 했다.

"그대가 술을 잘 마신다는 것을 모두 아는데 도대체 주량이 얼마나 되는가?"

"한마디로 대답하기 어렵습니다. 한 말만 마셔도 취하기도 하고 열 말을 마셔도 취하지 않을 때가 있습니다."

위왕은 이해할 수 없다는 표정으로 되물었다.

"그게 무슨 말이오?"

"대왕과 함께 술을 마신다면 술 따르는 시중이 옆에 있고 뒤에는 근위병도 서 있겠지요. 그런 분위기에서는 너무 긴장해 한 말을 마시기도 전에 취해버리겠지만 중요한 손님을 대접할 때는 다릅니다. 손님이 무엇을 필요로 하는지 계속 살피고 챙겨주어야 하니 두 말을 마셔도 멀쩡합니다. 오랜만에 만난 친구와 술을 마실 때는 또 다르지요. 기분 좋게 옛일을 떠올리며 편하게 이야기 나눌 수 있으니 대여섯 말을 마셔도 끄떡없습니다. 남녀노소가 어울려 한바탕 즐기는 자리라면 여덟 말도 거뜬히 마실 수 있습니다. 그러다가 해가 지고 남녀가 한자리에 뒤엉켜 술을 따르겠지요. 등불이 켜질 때까지 술자리가 계속되면 동석한 여인의 뺨이 발개지고 헝클어진 머리카락이 날리겠지요. 옷섶을 느슨히 푼 여인의 은근한 눈빛을 마주하면 극도로 흥분될 테니 그럴 때는 열 말을 마셔도 취하지 않습니다."

순우곤이 취하지 않는다고 말한 것은 본성이 외부의 통제를 받지 않는 상태를 말한다. 따라서 한 말만 마셔도 취한다는 것은 본성이 가장 큰 억압을 받는다는 뜻이다. 본성은 자연스럽게 표출되는 것이니 일체의 포장이나 제약은 본성을 거스르는 것이 된다. 그래서 늘 가식을 버리고 진심을 가지고 자연의 이치에 부합하는 갓난아기와 같은 인성을 지녀야 한다고 말한다. 노자는 인간의 본성은 원래 착하고 순수한데도 사람들이 온갖 추악한 행위를 저질러온 것은 불합리한 사회제도가 본성을 왜곡했기 때문이라고 주장하였다.

12_자신을 아는 사람은 현명하다

남을 아는 사람이 지혜롭다면 자신을 아는 사람은 현명하다. 남을 이기는 사람이 힘이 있다면 자신을 이기는 사람은 강하다. 만족할 줄 아는 사람은 부유하고 힘써 실천하는 사람은 뜻이 있다. 자신의 위치를 잃지 않는 사람은 영원하고 죽을지언정 도를 잊지 않은 사람이 오래 산다.

知人者智, 自知者明.

지인자지 자지자명

勝人者有力, 自勝者強.

승인자유력 자승자강

知足者富, 強行者有志.

지족자부 강행자유지

不失其所者久, 死而不亡者壽.

부실기소자구 사이불망자수

_「도덕경 33장」

[역해]

· 지智 : 지혜

· 명明 : 현명하다

· 강행자強行者 : 힘써 실천하는 사람

· 승인자유력勝人者有力 : 남을 이기는 사람은 힘이 있다.

· 자승자강自勝者強 : 자신을 이기는 사람은 강하다.

· 강행자유지強行者有志 : 힘써 실천하는 사람은 뜻이 있다.

· 부실기소자구不失其所者久 : 자신의 위치를 잃지 않는 사람은 영원하다.

· 사이불망자수死而不亡者壽 : 죽을지언정 (도를) 잊지 않는 사람이 오래 산다.

[요지]

이번 장에서 노자는 개인 수양과 자아 설계 문제를 논술하였다. 노자는 '도'의 입장에서 지智, 명明, 력力, 강强, 부富, 지志, 수壽의 개념을 천명하고 사람들은 마땅히 자신의 정신생활을 풍부히 할 것을 주장하였다.

경전사례

초왕의 깨달음

춘추전국시대 초나라 장왕이 월나라를 공격하려고 하자 두자杜子가 말했다.

"대왕께서 월나라를 공격할 준비 중이라는 말을 들었사온데 무슨 특별한 이유라도 있습니까?"

"지금 월나라는 조정의 기강이 무너져 탐관오리가 득실거리고 병력도 약한 상태이기 때문이다."라고 초왕이 대답하자 두자가 다시 입을 열었다.

"제가 걱정이 많은 탓인지 대왕께서 월나라를 치신다니 마음이 놓이질 않습니다. 사람의 눈은 멀리 있는 사물까지 정확히 볼 수 있지만 반대로 가장 가까이 있는 속눈썹은 보지 못합니다. 지혜도 마찬가지입니다. 얼마 전 우리는 진秦나라와 진晉나라에게 대패해 수백 리 영토를 잃었습니다. 이는 우리 병력이 약하다는 증거가 아닙니까? 또한, 백성은 법을 어기고 있고 조정에는 탐관오리가 득실거립니다. 이 때문에 대왕께서 조정의 기강을 바로잡기 위해 여러 번 노력했지만 뜻대로 되지 않았습니다. 지금 대왕께서는 월나라가 부패하고 약하다고 말씀하셨지만 제가 보기에 우리와 월나라의 상황은 우열을 가리기 힘들 만큼 비슷합니다. 우리 병력의 약함을 보지 못하고 월나라를 공격하시려는 것은 가장 가까운 자신의 속눈썹을 보지 못하는 것과 같습니다." 초왕은 두자의 말을 듣고서야 초나라의 상황을 깨닫고 월나라를 공격하겠다는 생각을 즉시 멈추었다.

養生論

사람은 쉽게도 좋음에도 편안한 마음으로 받아들이고 자연의 이치에 순응해야 한다.

01_가득 채우려고 하지 않는다

가득 채우는데 더 채우려고 하는 것은 그만두는 것만 못하며 갈아서 더 날카로워지면 오래 보존할 수 없다. 금과 옥이 집안에 가득 있어도 제대로 지킬 수 없으며 부귀해 교만해지면 스스로 재앙을 남긴다. 공을 세우면 스스로 물러나는 것이 하늘의 도다.

持而盈之, 不如其已:
지이영지 불여기이
揣而銳之, 不可長保.
췌이예지 불가장보
金玉滿堂, 莫之能守:
금옥만당 막지능수
富貴而驕, 自遺其咎.
부귀이교 자유기구
功遂身退, 天之道.
공수신퇴 천지도
_『도덕경 9장』

[역해]
· 지持 : 쥐다, 가지다
· 이已 : 정지하다

· 췌揣 : 연마하다, 제련하다

· 막지능수莫之能守 : 지킬 수 없다.

· 공수신퇴功遂身退 : 공을 세웠으면 물러난다.

· 천지도天之道 : 자연의 규율(하늘의 도)

· 지이영지持而盈之 : 가득 채워져 있다.

· 불여기이不如其已 : 그만두는 것만 못하다.

· 췌이예지揣而銳之 : 갈아서 날카로워지다.

· 불가장보不可長保 : 오래 보존할 수 없다.

· 부귀이교 자유기구富貴而驕, 自遺其咎 : 부귀해 교만해지면 스스로 재앙을
  남긴다.

· 천지도天之道 : 하늘의 도다.

[요지]

이번 장에서 노자는 공을 세웠으면 스스로 물러나는 것이 자연의 순리
에 따른 도리라는 것을 중점적으로 논술하였다.

경 전 사 례

물러나는 지혜

대부분의 중국 역사 속 황제들은 황위에 오르면 자신의 지위와 권력을
유지·세습하기 위해 이런저런 명분으로 개국공신들을 제거했다. 이때 '공

을 세웠으면 물러난다'라는 도리를 알았던 일부 공신은 재앙을 면할 수 있었다. 그런데 한나라의 개국공신 한신은 그런 도리를 미처 깨닫지 못해 끔찍한 화를 당한 전형적인 인물이다.

한나라를 개국한 황제 유방은 천하의 절반은 한신의 도움으로 얻었고 한신이 없었다면 황제가 될 수도, 한나라를 개국할 수도 없었다. 하지만 유방은 한신의 이런 높은 공적 때문에 위협을 느꼈고 한신도 이 점을 잘 알고 있었다. 그럼에도 한신이 여전히 자신의 공적을 내세우며 기세등등 하자 유방은 자신의 권력을 공고화하기 위해 온갖 방법으로 한신의 기세를 꺾으려고 했고 한신을 가장 하찮은 '초왕'에 봉했다.

얼마 후 한신이 '모반'을 꾀한다고 측근이 유방에게 알렸다. 황후였던 여후는 재상 소하와 음모를 꾸며 한신을 장락궁으로 유인해 '모반죄'로 죽였다. 반면, '한초삼걸'의 한 명인 장량은 달랐다. 유방은 황제로 즉위한 후 그동안의 공적을 높이 평가해 장량에게 3만 호의 영지와 금은보화를 하사했지만 장량은 일체 사양하고 낙향해 은둔하며 편안히 생을 마쳤다.

02_밖의 것을 버리고 안의 것을 취한다

　오색의 화려한 색상은 사람의 눈을 멀게 하고 오음의 아름다운 소리는 사람의 귀를 멀게 하고 오미의 뛰어난 맛은 사람의 혀를 멀게 하고 말을 달려 사냥하는 것은 사람의 마음을 광분시키고 얻기 힘든 재물은 사람의 행실을 그르친다. 그러므로 성인은 배를 채울 뿐 눈요기는 하지 않는다. 그래서 저것을 버리고 이것을 취한다.

　　五色令人目盲 : 五音令人耳聾 : 五味令人口爽:
　　오색영인목맹 오음영인이롱 오미영인구상
　　馳騁田獵令人心發狂, 難得之貨令人行妨.
　　치빙전렵영인심발광 난득지화영인행방
　　是以聖人爲腹不爲目, 故去彼取此.
　　시이성인위복불위목 고거피취차
　　_『도덕경 12장』

[역해]

· 오색五色 : 청, 황, 적, 흑, 백

· 오음五音 : 궁宮, 상商, 각角, 치徵, 우羽 다섯 가지 음율

· 오미五味 : 산(酸 : 신맛), 고(苦 : 쓴맛), 감(甘 : 단맛), 신(辛 : 매운맛), 함(鹹 : 짠맛)

· 상爽 : 입맛을 둔화시키다

· 불위목不爲目 : 눈요기하지 않다.

· 난득지화영인행방難得之貨令人行妨 : 얻기 힘든 재물은 사람의 행실을 그르친다.

· 성인위복불위목聖人爲腹不爲目 : 성인은 배를 채울 뿐 눈요기는 하지 않는다.

· 고거피취차故去彼取此 : 그래서 저것을 버리고 이것을 취한다.

[요지]

이번 장에서 노자는 '배腹를 위하다'와 '눈目을 위하다'의 변증 관계를 제시해 물욕을 추구하는 문명이 사람을 상하게 한다는 점을 지적하였다.

경전사례

유유자적한 행복

명나라 때 호구소胡九韶는 너무 가난해 아들을 서당에 보낼 수 없었다. 다만, 아들에게 식자를 가르치는 한편, 농사를 지어 겨우 생활을 유지했다. 고생스럽고 생활은 궁핍했지만 호구소는 근심으로 괴로워하지 않았다. 매일 오후 문 앞에 향을 피워 놓고 하느님께서 하루의 유유자적한 행복을 주신 것에 감사했다. 그의 아내가 웃으며 말했다.

"하루 세끼가 모두 나물죽인데 뭐가 그리 행복한가요?"

아내의 말에 호구소는 만면에 웃음을 띠고 이렇게 대답했다.

"아무 전란 없이 우리가 태평스럽게 생활하는 것만으로도 천만다행이

오. 우리 집 식구는 먹을 것, 입을 것이 있어 굶지 않고 얼지도 않고 식구 중에 아프거나 감옥에 들어간 사람도 없지 않은가? 이것이 바로 유유자적한 행복이 아니고 무엇이란 말인가?"

. . .

03_족함을 알면 욕되지 않다

명예와 생명 중 어느 것이 더 소중한가? 내 몸과 재산 중 어느 것이 더 중요한가? 얻음과 잃음 중 어느 것이 더 해로운가? 뭐든지 지나치게 좋아하면 대가가 크고 너무 많이 쌓아두면 그만큼 많이 잃게 되니 족함을 알면 욕되지 않고 그만둘 줄 알면 위태롭지 않으니 오래 살 수 있다.

名與身孰親, 身與貨孰多, 得與亡孰病.
명여신숙친 신여화숙다 득여망숙병
是故甚愛必大費 : 多藏必厚亡.
시고심애필대비 다장필후망
知足不辱, 知止不殆, 可以長久.
지족불욕 지지불태 가이장구
_「도덕경 44장」

[역해]

· 신身 : 신체. 여기서는 '생명'을 말한다.

· 병病 : 질병, 해롭다

· 심甚 : 너무, 과분하다

· 애愛 : 좋아하다, 아끼다

· 친親 : 절실하다, 가깝다

· 숙孰 : 누구, 무엇, 어느 것

· 후망厚亡 : 잃는 것이 많다

· 명여신숙친名與身孰親 : 이름과 몸 중 어느 것이 더 절실한가?

· 신여화숙다身與貨孰多 : 몸과 재물 중 어느 것이 더 중요한가?

· 득여망숙병得與亡孰病 : 얻음과 잃음 중 어느 것이 더 해로운가?

· 심애필대비甚愛必大費 : 지나치게 좋아하면 치르는 대가가 크다.

· 다장필후망多藏必厚亡 : 많이 쌓아두면 반드시 많이 잃는다.

· 지족불욕知足不辱 : 족함을 알면 욕되지 않다.

· 지지불태知止不殆 : 멈출 줄 알면 위태롭지 않다.

· 가이장구可以長久 : 오래 살 수 있다.

이번 장에서 노자는 사람들이 마땅히 생명을 소중히 여겨야지 명리를 생명보다 소중히 여기면 안 되며 '족함을 알다'와 '멈출 줄 알다'에서 '알다'는 모두 자연의 법칙임을 중점적으로 논술하였다.

경 전 사 례

탐욕에 눈먼 관리

청나라 대신 화신和珅은 원래 건륭제의 신변을 호위하던 자로 매우 총명해 건륭제가 무엇을 즐기는지 유심히 관찰하고 황제의 성격을 깊이 생각해 늘 황제의 환심을 샀다. 화신은 황제의 총애와 신임으로 관직이 점점 높아져 마침내 '일인지하 만인지상'의 위치에 올라 조정의 권력을 좌지우지했다. 권세가 점점 커지자 화신은 탐욕스러워졌고 지방에서 황제에게 바치는 공물도 때때로 가로챘지만 건륭제는 줄곧 눈감아 주었다. 건륭제가 서거하자 제위에 오른 가경제가 화신의 죄행을 다스리고 그의 집을 수색하였다. 일설에는 화신의 집에 그동안 착복한 재물이 청 왕조의 15년어치 수입과 맞먹었다고 한다.

04_만족을 알면 늘 만족한다

천하에 도가 있으면 잘 달리는 군마도 똥수레를 끌지만 천하에 도가 없으면 군마가 되어 전쟁터에서 새끼를 낳게 된다. 죄는 욕심스러운 것보다 큰 것이 없고 화는 만족을 모르는 것보다 큰 것이 없으며 얻으려고 욕심내는 것보다 큰 허물은 없다. 그러므로 만족할 줄 아는 경지에 이르면 항상 만족한다.

天下有道, 却走馬以糞.
천하유도 각주마이분
天下無道, 戎馬生於郊.
천하무도 융마생어교
罪莫大於不可欲：禍莫大於不知足：咎莫大於欲得.
죄막대어불가욕 화막대어부지족 구막대어욕득
故知足之足, 常足矣.
고지족지족 상족의
_『도덕경 46장』

[역해]

· 각却 : 그치다, 쉬다, 물리치다

· 주마走馬 : 달리는 말. 여기서는 '군마'라는 뜻으로 쓰였다.

· 분糞 : 똥. 여기서는 '농사짓다'라는 뜻으로 쓰였다.

· 융마戎馬 : 군마, 전마

· 교郊 : 야외. 여기서는 '전쟁터'를 말한다.

· 구咎 : 허물, 과실, 죄

· 욕득欲得 : 얻겠다는 욕심

· 융마생어교戎馬生於郊 : 군마가 전쟁터에서 새끼를 낳게 된다.

· 죄막대어불가욕罪莫大於不可欲 : 욕심내는 것보다 큰 죄는 없다.

· 화막대어부지족禍莫大於不知足 : 만족을 모르는 것보다 큰 화는 없다.

· 구막대어욕득咎莫大於欲得 : 얻겠다는 욕심을 내는 것보다 큰 허물은 없다.

· 고지족지족故知足之足 : 만족할 줄 아는 만족

· 상족의常足矣 : 항상 만족하다.

[요지]

이번 장에서 노자는 '도'의 입장에서 전쟁이 만들어낸 재앙이 가장 크다고 말하면서 사람들에게 '지족知足'과 '검욕斂欲'을 가르쳤다.

경 전 사 례

전마를 풀어 농가로 보내다

상(은)나라 말기 주왕紂王은 황음무도해 백성들의 생활은 너무 피폐했고 모든 백성이 주왕을 증오했다. 주 무왕이 대군을 이끌고 그런 주왕을 토벌하자 연도의 많은 사람이 분분히 입대했다. 상나라 병사들은 주왕의 종말이 다가왔음을 알고 아무도 목숨 바쳐 싸우려고 하지 않았다. 그러자 주 무왕의 병사들은 용맹하게 상나라 군대를 무찔러 신속히 승리를 쟁취하고 상나라의 수도인 조가朝歌를 점령했다. 주왕은 대세가 기울자 녹대鹿臺에 올라 불을 질러 자결했다. 주 무왕은 영을 내려 모든 병기를 거두어들여 창고에 넣고 전쟁터에서 쓰던 말과 소를 모두 산 아래에 풀어주고 병사들은 모두 집으로 돌려보내 농사짓게 했다. 이로써 천하는 태평해지고 백성들은 편안히 살게 되었다.

• • •

04_생사에 대하여

태어나 죽을 때까지 장수하는 사람은 10명 중 3명이고 명이 짧은 사람도 10명 중 3명이며 오래 살기 위해 발버둥치지만 죽음으로 가는 자도 10명 중 3명이다. 왜 그런가? 살고 또 살려고 하기 때문이다. 양생을 잘하는 사람은 길에서도 코뿔소나 호랑이를 만나지 않고 군대에 가서도 무기로부터 피해를 당하지 않는다고 들었다. 코뿔소는 그 뿔로 받을 곳이 없고 호랑이는 그 발톱으로 할퀼 곳이 없고 무기도 파고들 곳이 없다. 왜 그런가? 그에게 죽을 땅이 없기 때문이다.

出生入死.

출생입사

生之徒, 十有三:

생지도 십유삼

死之徒, 十有三:

사지도 십유삼

人之生, 動之死地, 十有三.

인지생 동지사지 십유삼

夫何故, 以其生生之厚.

부하고 이기생생지후

蓋聞善攝生者, 陸行不遇兕虎, 入軍不被甲兵:

개문선섭생자 육행불우시호 입군불피갑병

兕無所投其角, 虎無所措其爪, 兵無所容其刃.

시무소투기각 호무소조기조 병무소용기인

夫何故, 以其無死地.

부하고 이기무사지

_「도덕경 50장」

[역해]

· 섭생攝生 : 양생養生을 말한다.

· 시兕 : 코뿔소

· 피被 : ~에 받다, 당하다

· 생지도生之徒 : 제대로 장수하는 사람

· 사지도死之徒 : 명이 짧은 사람

· 생생지후生生之厚 : 억지로 오래 살려고만 하다.

· 갑병甲兵 : 갑옷과 병사. 여기서는 '병기'를 말한다.

· 동지사지動之死地 : 움직여 죽음의 땅으로 가다.

· 부하고夫何故 : 왜 그런가?

· 이기생생지후以其生生之厚 : 억지로 오래 살려고만 하다.

· 개문선섭생자蓋聞善攝生者 : 듣건대 삶을 잘하는 사람

· 육행불우시호陸行不遇兕虎 : 길에서도 코뿔소나 호랑이를 만나지 않는다.

· 입군불피갑병入軍不被甲兵 : 군대에 들어가서도 무기에 부딪치지 않는다.

· 시무소투기각兕無所投其角 : 코뿔소는 그 뿔로 받을 곳이 없다.

· 호무소조기조虎無所措其爪 : 호랑이는 그 발톱으로 할퀼 곳이 없다.

· 병무소용기인兵無所容其刃 : 무기의 칼날도 꽂을 곳이 없다.

· 이기무사지以其無死地 : 그에게는 죽어 묻힐 땅이 없다.

[요지]

이번 장에서 노자는 '섭생攝生', 즉 양생의 도리를 논술하였다. '생'과 '사'는 심각한 화제로 많은 사람이 이 화제話題를 말하는 것을 싫어한다. 우리의 삶은 즐거움을 가져다주지만 우리의 죽음은 우울함을 가져다주기 때문이다.

생사일체生死一體

노자는 평상심을 가지고 생사를 대하고 삶에 대한 집착과 죽음에 대한 두려움을 버릴 것을 주장하였다.

일화一話

하루는 자로가 스승인 공자에게 물었다.

"스승님! 죽음은 무엇입니까?"

공자는 자로의 난감한 질문에 이렇게 대답했다.

"나는 삶의 도리도 아직 깨닫지 못했는데 죽음이 무엇인지 어찌 알겠느냐?"

죽음이 무엇인지 모르겠다는 공자의 대답은 아마도 겸손이 아닌 사실이었으리라.

이화二話

황제들은 불로장생을 꿈꾸며 늙지 않고 오래 살게 해준다는 단약丹藥을 찾기 위해 무척 애썼다. 진시황은 서복徐福에게 바다로 들어가 전설 속 신선이 산다는 봉래산을 찾아가 불로장생약을 구해올 것을 명했다. 서복은 바닷속으로 들어갔지만 어디서도 봉래산을 찾을 수 없어 진시황에게 어쩔 수 없이 거짓말을 했다. 큰 고래 한 마리가 봉래산으로 가는 항로를 막아 갈 수 없다고 고하자 진시황은 직접 사람을 데리고 바닷가로 가 고래를 죽였다. 하지만 봉래산으로 가는 길과 불로장생약은 찾을 수 없었고 몇 년 후 불로장생을 꿈꾸던 진시황은 세상을 떠났다.

삼화三話

한 노인이 산에서 나무를 해 어깨에 들쳐메고 길을 걷다가 너무 힘들고 목도 말라 나뭇짐을 길가에 내려놓고 잠시 쉬었다. 서글픈 생각에 노인이 "차라리 죽는 것이 낫겠다"라고 중얼거리자 그 말을 들은 귀신이 불쑥 나타나 노인에게 말했다.

"노인! 내 도움이 필요하오?"

그 귀신이 자신을 저승으로 데려갈까 봐 두려워진 노인은 이렇게 말했다.

"이 나뭇짐을 다시 제 어깨에 올려주세요."

이처럼 노인은 자신의 생명을 아끼고 소중히 여겼다.

노자의 지혜

초판 1쇄 인쇄 2024년 5월 10일
초판 1쇄 발행 2024년 5월 15일

—

지은이 노자
편 역 장석만
펴낸이 김호석

편집부 곽유찬
교정교열 박진영
디자인 redkoplus
마케팅 오중환
경영관리 박미경
영업관리 김경혜

—

펴낸곳 도서출판 린
주소 경기도 고양시 일산동구 759, 하임빌로데오빌딩 502호
전화 02) 305-0210
팩스 031) 905-0221
전자우편 dga1023@hanmail.net
홈페이지 www.bookdaega.com

—

ISBN 979-11-92575-96-4 (03150)